AF345575

Catalogación en la publicación – Biblioteca Nacional

Medina Sierra, Abel Antonio, 1964-
    Relatos de las pampas Wayuú : la voz de los arcanos / Abel
Antonio Medina Sierra ; ilustraciones Wilson Andrés Borja.–
Bogotá : Editorial Magisterio, 2009.
        p. – (Mitos y leyendas)

    Incluye bibliografía
    ISBN 978-958-20-0961-8

    1. Wayuú - Leyendas 2. Indígenas de Colombia - Leyendas 3.
Mitología indígena - Colombia 4. Literatura folclórica indígena I.
Borja, Wilson Andrés, il. II. Título III. Serie

CDD: 398.209861 ed. 20   CO-BoBN– a654553

RELATOS DE LAS PAMPAS WAYUÚ

LA VOZ DE LOS ARCANOS

RELATOS DE LAS PAMPAS WAYUÚ

LA VOZ DE LOS ARCANOS

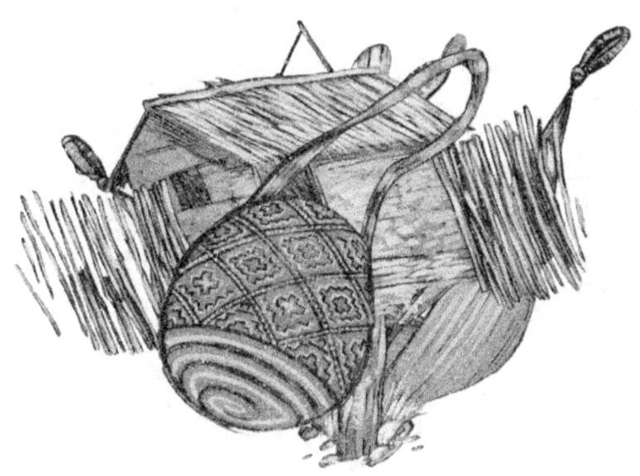

Abel Antonio Medina Sierra
Ilustraciones de Wilson Andrés Borja

MAGISTERIO
EDITORIAL

Colección Mitos y Leyendas

RELATOS DE LAS PAMPAS WAYUÚ
LA VOZ DE LOS ARCANOS

© Abel Antonio Medina Sierra
© Ilustraciones: Wilson Andrés Borja

ISBN del libro: 978-958-20-0961-8

Primera edición Magisterio: 2009
Segunda edición: 2013.

© Cooperativa Editorial Magisterio
  Diagonal 36 bis # 20-70 *(Parkway La Soledad)* PBX: 3383605/06
  Bogotá, D.C., Colombia
  www.magisterio.com.co
  info@magisterio.com.co

Dirección General: Alfredo Ayarza Bastidas
Dirección Editorial: Pío Fernando Gaona Pinzón
Diseño de la colección: Ródez

Impresión:

A Enzo Carlos,
Alex y Yira,
hitos gloriosos de abelicidad

Agradecimientos

*El autor manifiesta su más ferviente sentimiento
de gratitud hacia las comunidades de la etnia
wayuú que facilitaron el desarrollo del presente
texto de creación e investigación, en especial a
los informantes:
José Eduardo González Ipuana
Reynaldo González Ipuana
Andrés Ipuana
Zunilda Fernández*

Contenido

En las comunidades orales (o ágrafas) se estima la Palabra con un alto poder sustancial en la creación del Universo, es decir, la Palabra crea mundos propios ya sean visibles, ocultos, elementales o complejos. La Palabra, la Palabra-Sustancia es respetada y temida. En su interior palpitan y viven imágenes y sonidos que pueden proyectarse y caer en el mundo de la acción o del hecho real originando así nuevas sensaciones y nuevos retos o problemas. Es por ello que un típico narrador de Amerindia se toma su tiempo y prepara su espacio para acometer un relato de mitos y leyendas, sea en forma de cuento o de canción. No es posible remontarse a los antiguos sucesos o a las imágenes anunciadoras del sueño para ofrecérsela a una persona distraída e indiferente; el interlocutor debe sentirse que está asistiendo al descubrimiento de su entorno, y bien es sabido que la naturaleza humana por el descubrimiento nunca está mejor acentuada que en el periodo de la infancia. De allí que el diálogo más certero y fértil ocurre en el anciano con el niño, se encuentran palabra y atención, respeto e inocencia, fe y temor, contemplación e imaginación, fin y reinicio... circularidad de una manera de ver y ser la vida. Así se siembra y reverdece el mito en la América indígena.

La etnia wayuú, que vive en la península de La Guajira en Colombia y en el costado noroccidental de Zulia en Venezuela, presenta un orden de relatos mitológicos que proviene de sus tres grandes fase históricas: están los mitos de su capa original del periodo amazónico-guayanés, regido por un ente central y homónimo llamado Maleiwa, cuyos avatares coinciden con muchos relatos de tribus de la familia lingüística Arawak.

Un segundo cuerpo de narraciones distingue el periodo de asentamiento del wayuú en la península de La Guajira. Aquí los mitos explican las características físicas del entorno y la naturaleza humana de sus habitantes. Entre ellas se destaca la relación binaria: Juyá y Pulowi. La tercera fase muestra relatos de personajes y sucesos relacionados con el contacto con otros grupos indígenas y con la cultura occidental.

Los relatos que aquí presenta el escritor guajiro Abel Medina Sierra, pertenecen en su mayoría al periodo peninsular, en el cual los wayuú se posesionan del territorio y su palabra sale a ordenar nuevos hábitos y a reordenar las creencias. Surge el mundo de Juyá y Pülowi: Juyá, representación masculina de la lluvia, es "el que llueve"; Pulowi, energía subterránea femenina, es el encanto, el misterio y lo temido. Estos dos seres sobrenaturales dominan y rigen los relatos míticos de la cultura wayuú. Cuando Juyá y Pülowi se encuentran y se acoplan surgen las lluvias en La Guajira; pero estas son muy escasas en el sector de Wuimpumüin (Alta Guajira), lo cual revela que Juyá y Pülowi viven separados, divorciados, en permanente conflicto, la mayor parte del año. Cada uno enviando a sus emisarios a participar en el diario vivir de la gente: azotándolos, salvándolos, amenazándolos, previniéndolos... hasta suscitar la reconciliación. Y es justamente de esto de lo que trata el libro de Abel Medina Sierra: una reconciliación con la Palabra fundadora, con los mitos ancestrales, los cuales hacen parte nuclear de nuestro imaginario.

Abel Medina recorre el mapa de la literatura oral wayuú de manera minuciosa, pero montado en su libre y ancha imaginación. Recoge y describe los mitos formadores y las leyendas más comentadas que continúan actuando en el imaginario y en el comportamiento de muchos wayuú mayores. Allí desfilan: Pulowi, los Yolujá, los Wanülü, los Akalaküi, los Epeyüi, los Máarrüla, Wanesütay, Keeraliee, Chama, el Ovejo del mar, los Pülashii, Shaneetay y las asociaciones fantásticas con los fenómenos geológicos como Taluwanayuupana y Pa´apache.

Medina Sierra distribuye sus relatos de acuerdo con los tipos de mito y de leyenda que aborda. En los relatos mitológicos de seres sobrenaturales, los humanos se ven aleccionados y ejemplarizados por sus comportamientos extremos y exagerados: la ambición y la avaricia de Chú Mengual lo pierden en los dominios marinos de Pulowi, así como a Mashay lo castiga por su arrogancia desmedida. En la narración de los Akalaküi, Mashensa, el joven pastor, aprende la lección por su servidumbre a la belleza y la soberbia, y Sorina recibe el castigo por su prepotencia y mala fe. Koshi, su padre, y sus hermanos son aleccionados por su codicia en Los Pülashii; la desobediencia a los códigos de las costumbres es duradamente reprobada en el caso de Míncola con el espanto de Márrüla, de Irotay con el Ovejo del mar, y del joven protagonista de la historia de Shaneetay. La insolencia y la afición al alcohol de Cochón son trágicamente sancionadas por la presencia de aterradora de Keeraliya; al igual que el que trata con irreverencia y desdén al Wanesütay.

Todos estos personajes sufren los rigores de los entes sobrenaturales, convirtiéndolos así en ejemplos patéticos del castigo a la arrogancia y a la estupidez humana. Pero también estos seres míticos permiten reanimar las virtudes fundamentales del hombre, sus dones inalienables, sin los cuales no es posible vivir con dignidad alguna. El relato de Kaitü frente al Epeyüi es una clara representación del triunfo ante los oscuros designios del destino. La nobleza y valentía que suscita el amor son las armas incontestables que Kaitü arguye frente a los maleficios del espanto. El autor representa este suceso desde el verbo impetuoso de un narrador tradicional de cuentos e historias, logrando y sosteniendo brillantes matices de recursos literarios desde el inicio hasta el final.

De los mitos y de las leyendas relacionadas con los animales, las plantas, los fenómenos geológicos y con algunos personajes de aproximación occidental, Medina Sierra selecciona aquellos que siguen vigentes en la cotidianidad wayuú: Taluwanayuupana, la piedra del destino en Punta Espada, continúa atrayendo la curiosidad de mucha gente; Irpiana es uno de los tantos wayuú que acepta la sentencia de saber que tendrá una muerte prematura y opta por preparar y ejecutar su propio fin.

Pa´apache, la roca que muge a orillas de Castillete, es el símbolo del dolor de la madre por la hija que se perdió en los predios misteriosos. El encuentro de Chama con la joven Piache es el choque de dos poderes que se confrontan en el territorio de los wayuú; el poder de Pülowi, que es representado en Chama, es la energía devastadora que proviene de algún lugar irremontable que se alimenta de la propia existencia humana; requiere de su belleza, de su inocencia e incluso de su sobrevivencia para controlarla y devorarla. Y el poder humano trascendental, que es una recombinación de recursos mágicos benefactores (espíritus protectores) y lógicas racionales que le permite a la persona combatir sin temor a las fuerzas inconmensurables de lo sobrenatural. La derrota de Chama proyecta el aliento humano fortalecido, aferrado a su tierra y a los valores de la naturaleza humana que, paradójicamente, dependen de las fuerzas sobrenaturales como ente regulador y dinamizador de sus conflictos. El libro se cierra con un relato con visos históricos que deja a las claras la posición del autor a favor de las diferencias culturales y del derecho al libre albedrío que tiene cada comunidad.

Medina Sierra vincula y recrea la narratoria colectiva del mito y la leyenda wayuú con la ficción emparentada con la fábula, la picaresca y el drama de la tradición literaria de Occidente. Su pluma describe las características del mito y enfatiza sus símbolos a través del paisaje, de las fuerzas particulares de sus protagonistas, de las palabras-imágenes del sueño, denotando con ello un conocimiento de la cultura wayuú desde la experiencia, la investigación y la imaginación, comprometido en toda la extensión social y ambiental de La Guajira.

Es ésta la construcción de una obra que se exige a sí misma a continuar en la intensa línea del redescubrimiento, en el recorrido minucioso por la piel de múltiples sudores que tiene América. Este libro lo recibimos, pues, como un diálogo circular entre los ancestros y los niños, que en su infinita atención comprenderán y agradecerán estas recuperadas y resaltadas palabras emanadas de la Palabra- Sustancia: la Palabra que se torna en ser y crea mundos propios.

Miguel Ángel López Hernández
Premio de poesía Casa de las Américas de 2000

Julu>püna tü m>ma mama>anakat jeerü jüpüla ashajaa karaloutta jia müleuka aalii jüma atsüin tü pütchikat jüikalaayalu>ujee m>makat -tu pütchikat akuyamajayaa müsü wane koumainshii eeka eruulin meruulin jamaamoulin otta jawatuulin. Tü pütchikat tü pütchi keirukurat jia kapülainkat jüma kajutuin atumawaa. Jule>eru pütchikat eesü kasa shapashapain oulaka jipiapuluin ayoluja otta eiraa- tü ounireetkat juma ojutirüin. Jütsüinru>umüin tü aku>aipa shiimainkat — ojuitta müsia kasa jekennuu otta kasachiki jünainjee. Müsüse ma>i wanee akujai woumainru>u nütuja a>ulu tü ka>i oulaka jalainjatüin nüküjain achiki tü aku>aipaakat tü me>eraakat jaitarü nünüikirü>uin otta jayeechiru>ule jia. Kapüleesüle>e ouyante>era juchuku>aya tü kasa kama>irükat oulaka müsia tü lapülu>ujeejatka jüpüla juttaanüinjatüin namüin wayuu eekana wayuupasain — na aküjaliikana natüjainjatü a>u jüma nojuupatamaatüinjatüin tü kasa na nakujeekat achiki – müsüse ma>i juku>aipalu>ujee jiki tü wayuuwaanakat jia anaka ma>i a>alain tepichiwa>aya. Julu>ujee ti>a tü ayounajirawaa lotokoo otta juchotirüin ma>i jia nayounajaapa na alaülayuukana nama na tepichikana- antanajiraasü tü püchikat jüma tü kapülainwaakat – tü kojutaakat jüma tü ma>inwaakat – tüo- onolokat jüma tü amüse>ewaakat- tü ananüjünaakat a>u jüma tü jülüjalaakat a>in – tü aakayawaakat jüma tü jukuyamajaayakat kataa o>uu. Müsü jüpünajia jüpüla wüinttüinjatüin tü Me>erakat julu>u noumain wayuu.

Na wayuu kepiana wajiira julu>u tü m>ma Kolompia münakat otta cha>aya suuriapa>a Wenesuerü poluwasu jüchiki tü akujalaakat julu>ujee apünüinsü kekiisü: eesü tü julu>ujeejatkat amasoniko-wayaneesü munakat nunajiralakat Maleiwa eejeere jujuittain aküjalaa mashaatüsü ja>in nuku>aipa na wayuu Arawak münümamuu.

Pasanainru>u antüsü tü aküjalaa apansajakat tü juya naikalaakat alu>una wayuukana julu>umüin Wajiira – yaya tü aküjalaakat apansajüsü jamaku>aipalüin juku>aipa tü kasa eeka julu>u m>makat otta müsia tü wayuuwaakat. Julu>ujee jupushu>aya akujuna achikirü Juya otta Puloowi. Tü jaakajaayamüinkat aku- jasü nachiki wayuu juma tü alatakat namüin nantanajirawa>aya nama wayuu utamüinre>eya oulaka juma naku>aipa alijunas.

Tü aküjalaa eiyatünakat achicki nutuma chi ashajükai ABEL MEDINA SIERRA, ojuitasü jupushu>aya julu>ujee tü Juya nantaka a>u na wayuukana Wajiiramüin eemüinre na wayuukana naapaya namüin tü m>akat eere noloto- jüin jüka nanüiki tü naku>aipakat. Ojuitaasu jukua>ipa Juya otta Puloowi: Juya nayaakua na tooloyuukana jutuma juyapü "jia a>itaka"- Puloowi jutsüin jieyuu maapüjatkat – jia eiratakat o>uu jia pülasükat juma amüse>euin. Na piamashiikana pulashii naya kajapulu>ukana juma aluwataain ja>u tü aküjalaa eekalü naku>aipalu>u wayuu. Nuntanajiraapa Juya juma nierünin Puloowi antüsü Juya natuma Wajiiramüin akajatsa alin ma>i ji>ire Juya cha Wüinpümuin- eejeere ji>iyatayain nuchikii Juya otta Puloowi jünai oulaajirawaa junain katkaaraliin waneepia. Waneesuwoi julu>u naku>aipa ajutushii naseyuu jünaimüin na- yanamain wayuu: natsujain nakaalijain nakamuse>ejüin juma naapirawolin… Wane>ere anajira>aleepa. Jiaka>aka ju>unajiruin ma>i nükaraloutse ABEL MEDINA SIERRA: Wanee a>alewajawaa juma tü pütchi akuyamajütkat — wane a>alewajawaa jüma tü akujalaa kama>airükat tü ja>atalujatkat waku>aipa.

ABEL MEDINA SIERRA nu>unajirüin jupushu>aya tü aküjalaa eeka julu>u juku>aipa wayuu- akajatsa>a nu>unajirüin nuku>aipalu>u. Nukotchirüin jüma nüküjain achiki tü aküjalaa kuyamakalüirua jüma tü me>era wattakoutkat jüma ayatüin waraitttüin julu>u wanee ekii otto müsia julu>u nuku>aipa wanee wayuu laüla eekai ma>alanin. Ounitsü yajee: Puloowi, Yoluja, Wanülüü Akalakü>i, Epeyüi, M>marüla, Waneesa>atai, Keeralia, Chaama, Anneerü Palaje>ewoikai na pulashiikana, Shaneeta otta müsia jukotchijaaya tü kasa anakajüirukat maataka ja>in Taluwanayuupana otta Pa>apache.

MEDINA SIERRA nuwalajajüin tü nuküjalakat jünainje jukua>ipa tü aküja- laakat otta tü me>era nujuupatakat. Julu>u tü aküjalaa kama>airukat jüchikima- ajatükat tü pülasülakalüirua na wayuukana müsü ja>in nashatakat jüma nouna- jirüin tü aku>aipapalaakat ja>ujee jülanaayain otta alawa>alien tü aku>aipaakat: Tü nümüralakat otta müsia nuukaale Chu Mengual machike>etsaiü palairuku julu>u juumain Puloowi- ma>alaka na>in Mashai jeewanin jau>jee nülanaayain a>in. Julu>u tü aküjalaakat jüchiki Akalaku>i . Mashensai chi jintüi aruleejüikai

nutuja apüleerualü tü kasakat ja>uje numajula junaimüin tü anashiekat otta
tü eiralaakat- alu>ujasa Soriina ayülajünüsü ja>ujee Joyourala otta müsia ju-
chumula.Koshi chi jüshikai nama na juwalayuukana anoute>enüshii ja>ujee
nere>etitain tü kasakaliirua cha pülashiipa>a na moonoliikana ja>u tü kasa eeka
julu>u kasalajanasü atumawaa- ma>aka ja>in Minkola nüma M>marüleemasü
. Irotai nüma chi annerü palaaje>ewoikai oulaka müshia chi juntüi ounajirakai
tü akujalaa Shaneetamajatukat Epeijasü Kerralia nümüin Kochon juka eperüliin
nia otta erüliin nia wayuumüin nümüin Waneesa>tai.

Na wayuu aküjünaka achiki müliajüshii ja>ujee nainjala nayasa na pülas-
hiikanairua achiashii na>u ji>ire nanaaate>erüin tü nale>eru>ukat juka kojutüin
naya namüin ja>u wayuuin naya. Akanatuushi Epeyui nutüma Kaitu>u juka
mainmain kasa anasü nüle>eru- chi ashajüikai tü pütchikat julu>ujee nünüiki
wanee laüla ana akujalachi eere jayain juwashirüin jüküjala wayuu juttianainjee
wane>ereya jaayajaayamüin.

Nuneekajüin tü akujalaakat eeyutkat waapüin achiki otta tü werayütka>aya
maka ja>in tü ipa chaka Taluwanayuupana kamalainyülia jümüin wayuu maka
na>in Itpiana chi wayuu aapaka jüchiki chi ka>i outtüinjachika o>u na>atapajüinsa
ja>u otta nünaja apüleerualü tü nükaianjatkat.

Pa>apache , tü ipa keirakat jotpa>a palaakat cha katiyeete ji>atüin jümüliala
wane machiki achounlu julu>u wane m>m pülasü. Jüntanajiraaya Chama jüma
tü jintülü outsükat jia noulanajiraaya natsüin ja>ujee noumain wayuu-jütsüin
Puloowi eiyalaasü junaimüin Chaama emiralaakat ja>in wayuu choujaasü tü
ja>anasiekat otta tü mainwaakat jünainmüinre>i tü kataakat o>uu jüpüla jimi-
ralüinjatüin mapeena. Akanatuusü tü yolujakat jutuma tü wayuu kale>erukat

anaa painwajirakat jüma Jüseyuu- Wana jüma amüloulin Chaama ji>atüin katchinshaatain na>in na pülasükaliirua jüpüla anainjatüin tü nuku>aipakat. Jajattiamüin tü karalouttakat asurulaasü jüka wane akujalaa aku>aipamaajatü eere nüitaain na>in chi ashajuikai junaimüin tü mainmaakat aku>aipa otta müsia nayainjanain kanülin na kaku>aipamaashikana.

MEDINA SIERRA nuntaje>erüin otta kashalerain nutuma tü aküjalaa julu>ujeejatka naku>aipa wayuú maka ja>in tü akujalaa kama>irukat tü me>erakat juma tü juku>aipalakat jukalaloutse alijuna. Tü nejeetsemajatukat jüküja ackikiru tü akujalaa kama>irukat juma jutsüinmain tü jejetsekat junainjee tü m>matujatkat jünainjee ennakat lapulu>u kakujieru>ukat jinnajunüin tü naku>aipakat wayuu junainjee waneepiain aku>aipalu>u juchejaanüin achiki wenshi otta müsia tü sotuukekat atumawaa apüleeruainjatkat napüla wayuu utamüinre>eya otta mü-sia m>matu>ujatkat Wajiira. Jia tü jikiika wane karaloutta tü achuntaka jümüin jiaka>aya a>yataashata julu>upüna tü ennaajünüipakat ounajirakat jiatta>aya jushoinnnain Ameerika. Karalouttaka tü wojuupatüinja>a ma>aka ja>in wane ayounajawaa eekai nainüin na kouliwoukana nama na tepichikana eejeere nai-tain na>in natujerru a>u juma naapeerüin anaru>ulu ja>u tü akotchinakat juma amüleujunuin pütchi ojuittaka>aya julu>ujee tü pütchi keirukukat: tü pütchi wayuujeetkat jüma koumainyaa jümüin.

Miguel Ángel López Hernández
Premio de poesía Casa de las Américas de 2000

Traducción de Gabriel Iguarán Montiel
Docente de la Universidad de la Guajira

La noche, la soledad y la culpa funcionan como suscitación, como elementos desencadenadores de circunstancias misteriosas dentro del imaginario de la raza cósmica wayuú. Es una amalgama proclive al encuentro con lo insólito, con lo sortílego, con las fuerzas del mal materializadas en endriagos de diferente naturaleza y características que, según la tradición, tiñen de miedo los caminos a las rancherías. Explican y dan sentido a las desapariciones y tragedias recurrentes, sirven como elemento a través de los cuales, los ancianos regulan el componente ético de los jóvenes.

Algunos de estos personajes se derivan de la cosmogonía de una etnia cuya oralidad sustenta un rico acervo fabulador que a través del Jayeechi (relato cantado) lega la tradición popular a las nuevas generaciones. Encontramos en los relatos algunas claves profundas, capaces de revelar sentidos dentro del complejo universo simbólico que las creencias, la cosmovisión y etiogonía de los wayuú configura y que, de alguna manera, incide en sus prácticas y vivencias cotidianas.

Se recoge en estos catorce relatos, el fruto de varios años de trabajo de campo y consulta bibliográfica, buscando descubrir los elementos estructurantes del universo mágico-religioso de la cultura wayuú. Se trata, al tiempo, de establecer planos coincidentes con otras culturas y regiones del continente; esto nos permite postular que el miedo también es uno de los ejes nucleantes que identifica a los latinoamericanos. Es posible determinar coincidencias claras entre los entes esotéricos de nuestro estudio y los referentes que colman de susto y misterio diferentes contextos de nuestro continente.

Muy aliada a la manifiesta intención didascálica que anima al presente texto, aparecen innegables pretensiones estéticas; por eso quisimos que de la mano de estos relatos de ficción —no son testimonios en absoluto— los personajes del asombro se contextualizaran y explicitaran en circunstancias concretas de aparición. De esta forma conciliamos la parte investigativa y antropológica con el elemento fabulador y literario en gregaria función explanativa.

Se ofrece este intento, para que los jóvenes recuperen la palabra de la tradición, de la biblioteca que pervive en cada anciano, de la experiencia vivencial que fraguó el código regulador de las prácticas y costumbres de las etnias colombianas; para así sentir en las venas que se reanima la herencia cultural, y en la conciencia, que se aglutinan señales de identidad. A los "alijunas" (occidentales) se les posibilita miradas de alteridad para darle significado a unos códigos culturales alternos, circundantes y vecinos a nuestra cotidianidad; a los que, sin embargo, ignoramos o subvaloramos, negando oportunidades al diálogo cultural.

El autor

Diversos relatos recogidos por Miguel Ángel Jusayú y Ramón Paz Ipuana hacen referencia a estos seres, especie de tigre o jaguar que tienen la capacidad de antropomorfizarse o zoomorfizarse según la necesidad. Puede aparecer a las personas afortunadas o bien dotadas físicamente. En el mito de Tumájule y Peeliyuu (mellizos Maleiwa) se cuenta de unos Epeyüis que perseguían a los mellizos cuando se convirtieron en viento y quedaron en el aire, flotando como aliento de Wanülü. Según la leyenda de Kulami´a, son hijos de Chama. Entre los Desana, el Payé (brujo curandero) se convierte en tigre para atacar a los hombres de un clan enemigo y asusta a los impúberes con su cola o rabo.

¡Eah Waira! he aquí lo que les voy a contar, mi palabra es verdadera y mi memoria fiel, escuchen lo que les digo. Tanto misterio hay en estas tierras, tantas historias puedo contarles, pero en Winpomüin suceden hechos increíbles.

¿Sí ven aquel cerro? Es el cerro Pou´utta; dicen que allí vive Maleiwa; cerca de allí vivió Kaitü. Eso fue hace mucho tiempo. Era hijo de una wayuú que tuvo amoríos con un marinero del otro lado del mar, por eso Kaitü se hacía notar entre los wayuú, sus ojos y el color de su piel lo hacían atractivo para las doncellas, era el toro más asediado de estos corrales.

Pero eso no era su única gracia, era, además, un hábil cazador y jinete adiestrado en las más rudas tareas de campo. Gozó de amores tiernos, de caricias fugaces y enredos esporádicos, pues complacía deseos pero no conocía el amor. Ninguna de las majayu'ulü que había conocido le hizo sentir el fuego de la pasión y el abrazo de lo idílico. Fue entonces que conoció a Coromoto, la princesa de Kajaitüle, moza de augustos modales y donaire señorial, hija de un washir que se vino a estas tierras huyendo a una guerra de clanes en Sinamaica.

Mi palabra es verdadera y mi memoria fiel. Por eso les digo que supe que esa doncella cautivó al joven diestro y apuesto. No evadió motivos para cortejarla y hacerle saber que el escozor del amor picaba su corazón. Ella parecía ceder a los atributos físicos y morales del Kaitü. Pero la obediencia y el recato propio de su linaje y crianza la mantuvieron en la discreción y la castidad.

¡Eah waira! ¿Qué pasó entonces? Se apareció un wayuú que nadie supo jamás su origen, parecía un washir por sus atuendos y su cabalgadura. Su nombre era Malinot, nombre por demás extraño, ya que evocaba los antros de Wanülü.

El extraño viajero se hizo amigo del cacique de Kajaitüle. Se pasaba días enteros en las apacibles enramadas disfrutando de las atenciones del anfitrión, proponiendo negocios y sin desaprovechar oportunidad para cortejar a Coromoto. Pudo su palabra convincente y su sonrisa ufana conquistar al padre, mas no a la hija, que agitaba en los más tiernos recodos de su corazón una naciente pasión por Kaitü.

Sepan ustedes, por la seriedad de mis palabras, que hubo necesidad de reunir a los tíos maternos de la princesa, pues ella rehusaba casarse con Malinot y Kaitü ya la solicitaba para desposarla. Fue el mismo Malinot quien propuso la manera de dirimir tal incertidumbre. Retó al joven Kaitü a medir sus destrezas en varias competencias, quien ganara tres de estas justas sería el esposo de la beldad wayuú. Lo dramático de la definición empujó a los tíos de Coromoto a aceptar tal propuesta.

¡Échame un trago waré, así revive mi memoria... ahh! Les sigo contando, mi memoria fiel está latente. Cuentan que se fijaron las competencias, la primera fue la caza. Un cari cari debía ser puesto a los pies de la princesa al nuevo amanecer. Los contrincantes partieron separados hacia los cerros. Apenas Kaitü galopó unas leguas se encontró con una anciana que trataba, infructuosamente, de sacar agua de un jagüey. Kaitü favoreció a la enteca anciana, quien en compensación le regaló unos melones para el camino.

El cazador no esperó mucho para disfrutar el melón, lo paladeó mientras su ojo inquieto hurgaba entre los árboles en busca del cari cari. Entonces comenzó a sentir sueño. Luchaba por mantener sus párpados abiertos, pero sus piernas cedían. Fue cayendo. Al día siguiente el sol de la mañana le mostró la tristeza de la primera derrota. A esa hora la princesa recibía de Malinot el cari cari.

Sin explicarse la causa de su derrota, Kaitü afrontó la segunda justa. Se trataba de medir la precisión con la flecha, el tiro al blanco móvil. Un ave se echó al aire y Malinot soltó su flecha, el pequeño pájaro cayó. Aunque no se le notaban heridas, estaba muerto. Al turno de Kaitü, el mismo Malinot propuso lanzar el ave, sacó de su imprescindible mochila un ave negra, la soltó al brioso viento, Kaitü apuntó, pero entonces, ante su vista se aparecieron uno y otro, y otro, y muchos pájaros negros. Al soltar la flecha no sabía a cuál derribar; sin poder tocar al ave, Kaitü gritó: *¡De dónde salieron esos pájaros negros!* Pero la risa de todos los presentes le demostró que sólo él había apreciado el sortilegio. Comprendió que la anciana del melón no había sido una casualidad. Este wayuú no era un ser natural, su nombre lo decía todo.

Les sigo contando. Al tercer día, una carrera a caballo los esperaba. Kaitü no tuvo una noche agradable, sueños de derrota se aparecían en su chinchorro. Por consejos de su madre, se bañó con chirrinchi bajo la luna. Había que espantar a los malos espíritus. Antes de amanecer fue a visitar a la ouutshii vecina de su rancho. Fue ella quien le contó que el wayuú de la mochila era un Epeyüi, uno de los hombrestigres, hijo de Chama y de la maldad, el gran envidioso que se transforma. Por la piache supo del poder de su mochila y su rabo. El poder estaba allí.

Llegó la mañana y con ella la competencia. Los caballos parecían ansiosos, los lugareños apostaban, mientras la princesa se sobrecogía por la emoción y el temor de caer en los brazos de un ser al que ya temía. Iniciaron la carrera a galope ágil. ¡Jueey! Ese Epeyui no parecía mejor jinete, pero cuando Kaitü lo aventajó, sacó la magia de su mochila. Unas serpientes de colores detuvieron por un instante al caballo de Kaitü. Sólo la agilidad del jinete y del animal logró sortear, con un salto largo, el nudo de culebras. Miren lo que les digo: cuando tuvo al Epeyüi cerca, Kaitü pegó su caballo al de Malinot, entonces haló de su wushii. El Epeyüi sintió que de un solo tajo de cuchillo le habían cercenado el rabo. Perdía fuerzas, también su caballo. Kaitu tomó delantera, tanto que cuando llegó no se veía al impotente hombre-tigre. Tuvo tiempo para mostrar la cola de tigre y desenmascarar al falso washir; todos se enfurecieron y lo esperaban para castigarlo, pero nunca llegó. Se quedó en el camino rumiando su derrota y la pérdida de la fuente de sus prodigios.

Al regresar a casa y mientras gozaba con la esperanza de casarse con Coromoto, Kaitü se sorprendió al escuchar sobre un cují, un felino gruñido. Se alertó su caballo, vio entonces al tigre inmenso que irradiaba fuego en sus ojos. Espoleó su caballo hacía la huida. El tigre a zancadas furiosas lo seguía de cerca. Kaitü recordó las voces viejas que le hablaban del cerro Pou´utta. Allí vive Maleiwa, sólo él lo podía ayudar. Apresuró a su animal sintiendo los rugidos a sus espaldas, corrió mucho. Imagínense, forzó a su caballo tanto, que al llegar al pie del cerro su bestia desfalleció.

Escuchen esto, entonces divisó a un anciano que sembraba en una pequeña roza. El anciano vio la desesperación de Kaitü, elevó una semilla al sol y la arrojó al suelo. No sin asombro Kaitü notó cómo la planta comenzó a crecer vertiginosamente. El anciano le mostró la planta y él no dudó en montarse, ya era un árbol, crecía y crecía buscando las nubes.

No creerán ustedes, pero el tigre sacó de su mochila unas cuerdas que anudó al tronco del árbol y comenzó a subir persiguiendo a Kaitü. Éste lo vio subir ¿Cómo saldría de ésta? Trepó y trepó mirando, de vez en cuando, hacia su enemigo que subía. De repente el árbol dejó de crecer, la inquietud y el miedo hicieron pesada la respiración del joven. El tigre se acercaba, ya lo alcanzaba. Fue entonces cuando sintió una palmada sobre su hombro. Ya nada sorprendía a Kaitü, porque se había desmayado al ver a la linda doncella recostada a una rama. Estaba circuida por miles de hilos multicolores. La majayu'ulü le dijo: *Estos hilos te ayudarán si tus caminos son el aire y tu destino la felicidad.* Kaitü titubeó, pero la cercana presencia del tigre lo empujó al, aparentemente, frágil tendido de hilos. Comenzó a deslizarse y así llegó a tierra. Después escucharía que la doncella era Waleker, la diosa de los tejidos. ¿Han oído hablar de ella?

Al pisar tierra, Kaitü buscó con la mirada al anciano. No estaba allí. Era el mismo Maleiwa. Encontró un hacha reluciente en donde antes sembraba el anciano. Comprendió que debía tumbar el árbol y eliminar así al Epeyüi. Así lo hizo. Comenzó a hachar con todas sus fuerzas y todos sus deseos de venganza, hasta ver el árbol caer. Cuando tocó suelo fue creciendo su tamaño y extendiendo sus ramas hacia Uchümuin. Dicen que aquella montaña, la serranía de Perijá, se formó del crecimiento de ese árbol. ¿El Epeyüi? Al caer se hizo trizas con el suelo. De sus fragmentos esparcidos nacieron otros tigres, claro, ya no tienen poderes. La mochila regó su contenido de sortilegios, que los caminantes encontraron y usaron para hacer maldades a la gente. Por eso es que ustedes ya no encuentran tigres por aquí: están allá en la serranía.

Así waré, que Kaitü se casó con la princesa; de ellos nacieron esos wayuú de cabellos claros y ojos de mar. Eso les he contado, mi palabra es verdadera y mi memoria fiel. Dame otro trago, waré.

GLOSARIO

Cari Cari: Ave rapaz, halcón (Cara cara plancus).

Wanülü: Ente maligno que personifica a las fuerzas destructivas y negativas. Se asocia con las enfermedades y el demonio. En varias leyendas se antropomorfica como un wayuú de elegante apariencia que monta a caballo.

Washir: Wayuú acaudalado.

Wushi: Guayuco. Faja que cubre las partes pudendas. Taparrabo.

Este personaje se considera trasunto de la tradición europea traída por los misioneros. Se asemeja a la bruja de los cuentos maravillosos de los hermanos Grimm, Perrault y Andersen. Entre los wayuú se escucha la adaptación de la historia de Hanzel y Gretel al contexto cultural de esta etnia, en la que aparece Chama como la bruja malvada. Se dice que Chama es hija de Pulowi; se describe como una antropófaga anciana horripilante, de senos grandes y pelo enredado, cuyo rostro se afea con una horrible cicatriz. Suele asustar a las niñas con su imagen. Dicen que hace desaparecer a las doncellas y a los hombres apuestos. Le atraen las Majayu`ulüs (adolescentes) que están en encierro o blanqueo.

Muy cerca a Tutshii, en una cueva oscura y calurosa vive Chama. Ella es hija de Pulowi y su fealdad no tiene límites; a ella le debo mi desgracia y, en parte, mi notoriedad. Desde niña oía hablar de ella a mi madre, a mi abuela y a mis tías cuando las acompañaba en sus oficios de cocina. Sé que los hombres referían historias de ella en la enramada de la ranchería.

Desde niña le tuve miedo; creía, como todas las niñas, que cuando un remolino ponía a danzar a las arenas con las hojas secas, ella estaba cerca. No había travesía a los montes en la que no asomara su fea cara a nuestro recuerdo; dicen que le gusta robarse a las niñas tiernas.

Antes de toparme con Chama mi vida comenzó a cambiar. Fue desde esa noche que soñé que fumaba mucho, que hablaba palabras inentendibles, que sudaba y sudaba. Mi abuela fue la primera en saberlo. Al día siguiente noté que todos en casa comentaban el sueño con novedad inquietante. Poco después mi abuela tuvo un sueño revelador. Por esos mismos días tuve otra noche de pesadillas, desperté sudando a chorros y sacudía mis brazos frenéticamente. *Está pidiendo maracas*, dijo mi mamá. Al comienzo no entendí, luego me lo hicieron saber: los espíritus habían revelado en mí, que yo debería ser outshii. Estaba predestinada para recibir el poder sobre la naturaleza, a torcer sus designios, a enfrentarme a los Wanüluús y a convivir con los yolujás.

Aprendí a interpretar el canto agorero del Uchechet, del Isho y del Cho'ocho, a descifrar los signos esplendentes de awa'alas; lo oscuro se iluminó en mi mente. Corrí los velos del misterio. Hurgué en los cajones de la naturaleza. También cuidaba mi cuerpo con cáscara de Kute'ena y mi rostro con paipai; bebía muchos brebajes; así conocí la salud escondida en las plantas.

Entre mis primeros sueños adivinatorios apareció Chama; ahí estaba de nuevo su recuerdo; supe que me acechaba con la furia de un huracán; veía su rostro en la arena y sentía su risa en el canto de las aves. Rodeaba mi rancho. Invoqué todo el poder de Seyuu, pedí fortaleza para mis amuletos y sosiego para mis temores.

Quiso el destino que enviaran una doncella a quien Chama trató de raptar; sus evanescencias malignas punzaban su carne y lloraba como enloquecida. El poder de los rezos y la fuerza del humo lograron sacarle ese efluvio del mal. Un día oscuro por los vientos lluviosos que venían del mar, la vi. Iba a auxiliar a un enfermo. Después supe que quien me había llevado tal razón, era ella misma convertida en niño. Sentí el azote del remolino y luego escuché sus pasos a mi espalda: era Chama, con sus dientes corvos, con esa cicatriz que le atraviesa de fealdad el rostro, con esos ojos hundidos hasta el fondo de la cabeza greñuda y despeinada.

Los pies me flaqueaban bajo la brisa fuerte que me envolvía. Su risa horadaba mis oídos. Sentí sus frías y huesudas manos sobre mi cabellera, pero grité con furia mis rezos. Pedí con frenesí fuerzas al Seyuu. No podía correr, tampoco llorar. Era el momento de hacerme mujer; con el impulso que nacía de mis entrañas y la esencia de los espíritus, tomé unas de sus manos. Ella luchaba con igual fuerza. Vio tanta determinación en mí que gritó con más fuerza, la insulté a gritos y con todas mis ansias dejé caer en su mano el espeso amasijo de mi tabaco mascado. Noté en sus ojos la debilidad y en su mano el calor. Supe que la había derrotado cuando el remolino dejó de mecer mi cabello y la estela del arenal se alejó hacia lo alto. Chama se había ido. Ese hecho me rodeó de fama. Me sentí revitalizada en mi poder, mi magia se engrandeció, todos alabaron mis virtudes. Ya no conocía el miedo. Los antros calurosos de Pulowi habían sentido mi magia.

Pero Chama no sólo me dejó fama, también el desasosiego y la soledad. De noche siento los remolinos que rodean el rancho, las aves me anuncian que acecha con sus ojos sin luz, a veces se pierden las ollas y otras cosas de mi casa, los animales se inquietan. Pero aquí está mi palabra y mi tabaco esperando por ella. Ella lo sabe.

Chama se vengó de mí cuando tuve tiempo para el amor; antes de que las arrugas cayeran a mi rostro, conocí a un wayuú de noble espíritu y manos fuertes. Fueron días en los que los sortilegios dieron paso al idilio. Conversamos mucho, yo reía como no lo hacía desde antes de los sueños. Dijo volver con sus animales para acompañarme por siempre, pero nunca volví a ver a Peeliyü. Se lo tragaron los caminos, nunca llegó a su casa. Chama se lo llevó a donde mis fuerzas no llegan, y con él se llevó mis esperanzas de un hogar, de un marido y de unos hijos que palien mi soledad. Mi abuela dice que estoy predestinada a ser una Ku`lamia; yo sé que no fue el destino quien lo quiso, fue Chama, la más cruel y fea de los espíritus del mal, culpable de mi fama y de mi desgracia. Aún ronda por los ranchos y se le atribuyen muchas desapariciones.

Awa'alas: Estrellas fugaces, bólidos que presagian calamidades (Para efectos de pronunciación, cabe recordar que la "L" del Wayuunaiki se realiza con características vibrantes y laterales, y es combinación de "L" y "R").

Cho'ocho: Variedad del pájaro carpintero cuyo canto es premonitorio.

Isho: Cardenal, animal agorero.

Kulamia: Doncella que en virtud de un sueño, revelación o promesa se condena a conservarse virgen de por vida.

Kute'ena: (Bursera simaruba) Árbol conocido como indio desnudo; según la mitología, era un wayuú de piel hermosa que se convirtió en árbol; con su corteza se bañan las doncellas para conservar la piel tersa.

Majayu'ulü: Majayura, doncella, mujer en edad núbil, señorita.

Ouutshii: Piache, chamán, brujo curandero de los wayuú.

Paipai: Hongo del cual se extrae un polvo carmelita que usan las mujeres para protegerse de los efectos del sol.

Seyuu: Virtud o energía que los espíritus conceden al piache; esencia de poder destinada a impulsar el bien y a luchar contra las enfermedades y los maleficios.

Uchechet: Ave conocida como reinita; su canto es barrunto de algún suceso.

Pulowi I

Es un espectro multiforme y sobrenatural; su imagen más
común es la de una mujer bella, de largos cabellos y cuerpo
semidesnudo que se transforma en una repulsiva anciana
de rostro desfigurado y cadavérico. Puede aparecer como
serpiente de varias cabezas, como res con cabeza humana;
también se asocia con las lagartijas y las sirenas en las zonas
costeras indígenas. Los mitos dan cuenta que fue mujer de
Juyá, pero ahora se odian, por lo que la presencia de Pulowi
repele las lluvias. Representa la escasez, el hambre, el miedo.
También se llama Pulowi a los lugares encantados.

En la tradición latinoamericana aparecen varios seres
equivalentes a la descripción inicial de Pulowi. Tal es el

caso de Ixtabay y Sinaguanaba en Guatemala, Ixtab entre los Mayas, la Sayona, y aún entre los Lacandones aparecen referentes que coinciden.

Entre los wayuú de Topia siempre se recordará a Mashay, el inquieto enamorado, gavilán al acecho de las más tiernas majayu'ulüs de las pampas. Mashay era el único hijo del cacique Cataure, el poseedor de los más imponentes caballos que pisaran las pampas guajiras, de los veloces aguilillas de combate, dueño de incontables racimos de ganado vacuno y caprino, hombre merecedor de respeto y pleitesía en la región. Su debilidad: su hijo Mashay.

La opulencia de su padre y los rasgos finos que configuraban su atlética y apuesta estampa, eran motivos suficientes para cautivar, a vista prima, a cualquier nativa. Las dotes que podía ofrecer por la muchacha eran ofrendas no dignas de rechazarse por parte de los parientes de las doncellas.

Su caballo Kasütai, enjaezado con los más finos atuendos, hacía sentir su brioso corcoveo por los caminos de la sabana; el amo y su sombrero campeaban los montes buscando mujeres que saciaran su sed carnal. *Ahí va el gavilán. ¿A cuál muchacha se llevará hoy?*, se oía decir entre los wayuú.

Más de veinte doncellas lo tenían como esposo, cual más bella. Recién salidas del encierro eran entregadas a Mashay por una considerable dote. Algunas lo hacían complacidas, él era el sueño de muchas niñas. Su sólo nombre hacía palpitar corazones núbiles. Otras, sollozantes, se imaginaban un futuro de soledad en el rancho, pues son efímeros los momentos felices si el esposo es tan errante como Juyá.

Después de llevarse a la doncella permanecía con ella durante uno o dos meses, para luego marcharse en busca de un nuevo amor que le incitaba su veleidad. Ellas se abandonaban a una vida solitaria de deseos reprimidos, de chinchorros inmensos; o al consuelo de soportar el embarazo con la esperanza de una compañía que con los años corriera por el patio como uno de los tantos hijos de Mashay.

En una de esas andanzas, Mashay tuvo que galopar a media noche. Había escuchado que en una ranchería un poco apartada, una linda majayu`ulü salía en esos días del encierro. Ese día se iniciaba la yonna de festejos y quería tantear a los futuros suegros. Cuando galopaba entretenido le pareció escuchar un tarareo cerca a un árbol de mapüa. Detuvo su caballo blanco y se acercó al árbol. Cuánta sorpresa para Mashay: una linda doncella, nunca revelada ante sus ojos, le ofrecía su desnudez y su larga cabellera, incitándolo a seguirla. Mashay no pudo evitar la lujuria y se bajó del caballo.

Ató la bestia al verde árbol, mientras ella lo llamaba a señas y caminaba sin pudor. El gavilán de las pampas no podía evitar tanta emoción; pensó que era una majayu'ulü que se iba a bañar al molino de viento cercano. Cuando estuvo cerca, la bella nativa de ojos negros le tendió su desnudez y Mashay se regaló al abrazo. Entonces la belleza se comenzó a fugar. El rostro de la joven se envejecía rápidamente, su cabello crepitaba encanecido, las arrugas se aparecían por todo su cuerpo mientras las uñas se prolongaban buscando la carne del rico galán, hincando su espalda, lancinante. Trató de separarse de ella, pero era muy tarde. El gran enamorado, el gavilán de Cataure, había sucumbido ante la engañosa belleza amiga de la noche y la soledad.

De él sólo se pudo encontrar el sombrero y el fiel Kasütai atado sudoroso al árbol. Sus esposas lo lloraron, su padre nunca se repuso de la desgracia. Todos dicen que Pulowi se lo llevó a su cueva, detrás del cerro. Esa noche se escucharon truenos pero no llovió. El árbol de mapüa aún ofrece su verdor, pero pocos se acercan a él. Ahí puede estar Pulowi.

Aguilillas: Caballos adiestrados en La Guajira, que durante la colonización española distinguían a los wayuú por su rapidez. Fueron exportados luego hacia otros países.

Mapüa: (Cercidium preacox) Árbol de corteza verde.

Yonna: Baile ritual, también llamado chichamaya. Se oficia para festejos, por petición del ouutshii o de los espíritus a través del sueño.

Sobre la morena calma de la playa de Carrizal, se divisa la roída *lancha del llanto*. Los efectos del salitre cubren sus tablas, de tal manera que ya no se deja adivinar el color que le diera distinción mientras recorría el mar en faenas de pesca. Sólo el olor a pescado permanece atrapado, pese a los años, en su interior. También los secretos del mar que dejan escapar, de noche, unos alaridos capaces de asustar a cualquiera en este pueblo pesquero y de buceadores de perlas. Se trata de *La caracola*, la rápida lancha del finado Chú Mengual. Es lo que queda de una pareja inseparable, amigos del viento y del mar. El uno, rompiendo el agua con el brioso empuje de su rapidez; el otro, paciente y astuto pescador, perlero de las profundidades azules.

Cuentan los pescadores de este pueblo wayuú, que a Chú *lo perdió la ambición*. Su único afán era acumular riqueza; sus jornadas de pesca se prolongaban por días. Nadie igualaba su paciencia y su tesón. Cuando prometía pescar un buen tiburón, no regresaba sin él. Cuando de sacarle al mar perlas y coralinas se trataba, se sumergía una y otra vez; sus pulmones parecían domeñar la profundidad. Sacó muchas perlas, muchos peces mordieron su anzuelo y se rindieron a su trasmallo.

Pero Chú guardaba el dinero de sus ventas, sin complacer sus necesidades primarias. Sus hijos sufrían el azote del hambre, de la sed, de la desnudez, de las pestes. Su prioridad era reunir una gran cantidad de dinero para irse a vivir a Süchiima, a la ciudad, comprarse un carro y una nueva mujer, más joven y bonita que Sara. Para cumplir con sus propios designios era necesario mucho trabajo y poco gasto. Comía poco, vestía siempre con los mismos harapos y evitaba todo gasto no esencial. La misma disciplina era acatada a rabietas por sus hijos y su mujer.

De esta manera, *La caracola* y su dueño iban y venían surcando el mar, buscando los bancos de peces, ignorando el tiempo y el descanso. La mayoría de pescadores temen trabajar a altas horas de la noche. Muchos cuentan relatos que tuvieron como protagonistas a uno de sus viejos, pero Chú les negaba credibilidad. *Yo soy el único espanto del mar, sólo yo lo recorro de noche*, decía.

Pasaban los días, el mar ofrece su riqueza todo el tiempo, Chú Mengual lo sabía. Abandonaba su rústico rancho de la playa, antes de entregarse a la faena, lavaba a *La caracola* para restarle efectos al salitre. De nuevo la pesca, bajo el sol, bajo la luna; el tiburón, el chucho, la sierra, el pulpo. Chú regresaba para que su mujer vendiera el producto de la pesca. De nuevo al mar, hacía falta dinero, quería un carro, quería la ciudad y para tenerla necesitaba plata. *Es la única forma de ganar respeto*, sostenía Chú.

Cuando los demás pescadores complacían sus ansias de asueto, reunidos bajo la magia igniscente de las fogatas en la playa, poniendo risa a la noche y emoción a los corazones de los niños que se aglomeraban a escuchar sus relatos de mar, Chú se entregaba a la oscuridad acuosa para arrancarle parte de su riqueza, parte de su encanto. Fue una de esas noches de mucha brisa y poca claridad cuando Sara previno a Chú: *Anoche tuve un sueño que no es bueno, no salgas hoy.* Pero Chú creyó que un sueño no era tan relevante como para cambiar la rutina de su trabajo.

Alentado por unos tragos de chirrinchi, empujó mar adentro a *La caracola*; su encuentro con el destino estaba señalado. Un destino promisorio en riqueza y vida citadina, según Chú Mengual. Remó y remó hasta donde mar y noche se hermanan en abrazo, escogió el lugar de pesca, su trasmallo ya exploraba las aguas. Sólo quedaba esperar, y en eso Chú Mengual no tenía igual. Pasaron los minutos. Los peces no caían. Pasaban las horas, dos, tres y los peces parecían haber abandonado el mar. El trasmallo iba y retornaba vacío, no veía a los peces saltar de las aguas para bañarse de luz de luna. Ya Chú se inquietaba, aún más cuando *La caracola* comenzaba a mecerse por la brisa que se hacía fuerte. Nada de peces, mucha brisa. Esto no había pasado nunca en la vida del pescador de Carrizal. *A dónde carajo se fueron los peces,* se preguntaba mientras perdía sosiego.

Entonces sintió que algo movía el trasmallo, se aferró a la lidia, debía ser un pez grande. Las aguas se agitaron bajo *La caracola*, la brisa arreciaba con furia. Sintió, en esos momentos, que algo parecía saltar del mar a sus espaldas. No soltó el trasmallo. Un nuevo rumor de aguas agitadas lo inquietó. Volteó a mirar y fue cuando la inquietud se hizo pánico. Allí estaba sentada, al extremo de la lancha, aún empapada, aún con el brillo de la humedad. Era una linda muchacha de ojos radiantes y lunas espejadas en su cuerpo. Sus cabellos se extendían hasta el torso desnudo, pero... no era una muchacha, sus pies... no tenía piernas sino una gran cola de pescado, radiante. Era Pulowi, estaba en su lancha, había llegado con la brisa, con la noche, con la ambición. Chú no sabía qué hacer. Tampoco qué decir. Sólo sabía que estaba muy asustado. La lancha era guiada por la brisa hacia el mar lejano, lejos de la playa, hacia la noche eterna. Al notar que no lograba controlar la lancha, comenzó a gritar temeroso. Sus gritos de angustia no podían ser escuchados porque ningún pescador se atrevió a desafiar el mar esa noche.

Los gritos quedaron atrapados en *La caracola*, la lancha que a la mañana siguiente fue encontrada a la deriva por los buceadores de perlas. Por eso se escuchan a muy altas horas de la noche, los lamentos de Chú Mengual, el ambicioso pescador. A su lancha regresa de noche su espíritu, su yolu-já, a quejarse ante los demás pescadores y a prevenirlos de Pulowi. Y es que cuando se les daña la lancha saben que ella puede estar cerca y prefieren regresar a tierra firme. Pulowi está en todas partes.

Süchiima: Tierra del río. Nombre que los wayuú daban a Riohacha.

Es una formación rocosa ubicada en Talüwanayuupana, Punta Espada, Alta Guajira. La cavidad presenta dos orificios, uno de entrada y otro de salida. Según los logros de la persona al atravesarla, se predice la duración de su existencia. Si logra atravesar su cuerpo totalmente, muchos años le depara la vida; en caso contrario, su muerte está próxima. Leyendas cuentan que en ella vivió Maleiwa; otras se refieren a ella como morada de Pulowi. La mitología narra que en este lugar Si`ichi (Guamacho) tuvo los gemelos Ulaapüle y Maayui, engendrados por Juyá (Lluvia) por medio de un rayo.

Irpiana, el jayeechima´ani de Taparrajin, el gran fabulador, el de las historias increíbles y la memoria prodigiosa estaba frente a la piedra del destino en Talüwanayuupana. Era de los Sijuana. Ellos antes eran pobres, ahora tienen muchos animales en su corral. El jayeechima´ani tuvo que ver con esto. Desde niño había escuchado historias asombrosas sobre la arcana piedra que como reloj cósmico medía con precisión la existencia de las personas.

Ahí estaba la roca negra cuyo misterio había servido de tema a muchos de sus relatos; pero que nunca antes tuvo la oportunidad de conocer. Ahora estaba a sus pies. Se sentía inquieto e intrigado; apuró un trago de chirrinchi para tranquilizarse. Dicen que esa roca es un Pulowi. Otros dicen que allí vivió Maleiwa. Allí también se escuchan los truenos: es Pulowi que encolerizada ahuyenta a Juyá. Las lluvias se alejan entonces.

Irpiana recordó, mientras rodeaba de curiosidad la piedra, que muchos hablaban sobre la forma como la piedra predecía los rumbos de la existencia humana. Si al entrar por el orificio, sale al otro extremo, su vida se prolongará por muchos años. Si en cambio, sólo caben las piernas, tendrá pocos años de vida. Si entra sólo la mitad del cuerpo, podrá disfrutar de medio año; si ni siquiera la cabeza logra pasar, puede comenzar a organizar sus funerales, la inexorable muerte ronda sobre su cabeza en esos instantes. Los designios de la piedra abarcan a todos por igual; gordos o flacos pueden atascarse o atravesarla si su destino es ese.

El jayeechima´ani siempre había querido medirse los años de vida; no pudo evitar la tentación de descifrar el misterio del tiempo. Luego de varios tragos y muchos rodeos, se quitó el sombrero y se inclinó para atravesar, si ese era su destino, el misterio rocoso de Talüwanayuupana. Introdujo su cabeza, pero notó que la piedra se empequeñecía. Forcejeó jadeante. Sudaba a chorros. Embestía una y otra vez y sólo logró hacer sangrar su frente. Hubo nuevos intentos infructuosos que lograron cansarlo.

Resignado y con más tragos encima que los que acostumbraba, llegó a su casa en Taparrajín. No desensilló el burro. Se despidió de su mujer y cargó por última vez a sus tres hijos; dijo que pronto volvería, que iba a un sepelio, a cantar jayeechis. La verdad es que lo vieron muy triste, meciéndose embriagado en su montura, entonando un raro canto triste y deshilachado: el gran fabulador, el recitador de historias había decidido hacerse fábula, hacerse historia de la posteridad.

Esa tarde amarró su burro a un cují cercano a los rieles del tren del carbón. Bebió hasta matar la tristeza y la vigilia, se quedó dormido sobre los rieles. El tren pasaría puntual, una hora más tarde. Irpiana no estuvo despierto para la hora de su muerte; a la piedra del destino le había facilitado el designio; decidió adelantársele a la muerte.

A los cuatro días, Alejo, el Pütchipü de Taparrajin, llegaría a una elegante oficina de la capital, diciendo con voz aguda pero firme:

Señor, su tren mató a uno de nosotros. Se inició así el cobro de los Sijuana para que los *dueños* del tren indemnizaran el dolor por la pérdida del jayeechima´ani.

Sólo unas semanas después, el yolujá de Irpiana, el del verbo ágil, el animador de velorios, miraría sonriente, desde los resquicios donde los wayuú muertos se asoman a vigilar a sus parientes vivos, cómo se estrenaban, en el antes solitario corral de los Tijuana, treinta vacas, cuarenta chivos y una yonna se ofrecía a su nombre.

Su velorio fue uno de los más duraderos de la región, sus relatos fueron recordados y su vida se hizo tema de muchos jayeechis que victorearon al jayeechima'ani que se le adelantó a la muerte para ganarle a la pobreza de su familia. Por eso los Sijuana de Taparrajín hoy en día tienen muchos animales: todo se lo deben a Irpiana y a la piedra del destino. Esta historia se escucha en los velorios. Allí me la han contado.

Chirrinchi: Licor a base de caña, de fabricación casera, también llamado por los Wayuú como yosh.

Jayeechi: Cantos propios de los wayuú, de carácter narrativo y épico. Cuentan los sucesos, gestas y misterios que ocurren en toda la región, por lo que toman rasgos juglarescos. Se recita en velorios y fiestas, también como apólogos que cumplen con función didáctica para los jóvenes.

Jayeechima´ani: Recitador de Jayeechi, revestido de notables condiciones y habilidades de narrador.

Maleiwa: Máxima deidad de los wayuú. Dioses creadores de todo lo que existe. El mito los presenta como mellizos hijos de Juyá, que propiciaron la prolongación de la especie wayuú.

Puutchipü: Palabrero. Rol social de alto estatus entre la comunidad. Es el mediador en los conflictos interclaniles. Dotado de grandes condiciones de convicción y conciliación.

En el mito de Ulepala se cuenta que este amigo de Juyá huía de Jamü (el hambre) con sus diez novillas, que se adentraron al mar donde se tornaron en tortugas. Una de ellas se convirtió en una inmensa piedra negra con figura bovina. Tal piedra se encuentra ubicada cerca a las playas de Castilletes: emerge y sumerge según el vaivén de las olas; a ella se atribuyen mugidos escalofriantes y la pérdida de doncellas lugareñas.

–Por qué lloras, mamita, dime por qué buscas los rincones alejados para también alejar tu lloro de mi vista, muéstrame tus heridas, quiero compartir contigo el dolor, quiero sangrar a tu lado.

–Es ninguno el dolor que me asiste, mi´ja, el llanto sólo es costumbre entre los wayuú, y en mi caso es entrenamiento de mi oficio de plañidera. Estoy puliendo mis requiebros; eso de animar con llanto los velorios exige mucho dramatismo. Si mi llanto es dolido, si es desgarrado, crece mi fama y tendré más oportunidades de trabajo.

–¿Puede la frialdad del entrenamiento poner tanto sufrimiento en tu rostro? ¿Puede afligirse todo tu cuerpo tan fácilmente? Si parece tan ajado tu cuerpo que temo se quiebre con tus lágrimas. Creo que hoy lloras por una pena propia y no ensayas para las penas ajenas.

–El oficio es exigente, mi niña; la próxima semana, los Iguarán de Maicao sacarán unos restos, ellos son ricos y pagan bien por los lloros. Debo afinar mi garganta y hacer sensibles mis ojos.

—No hay manto que oculte las penas ni nubes que tapen el sufrimiento. Hay tanta sal en tus lágrimas que tu amargura me contagia ¿Por qué sufres tanto, mamita?

—Por años te he ocultado esta verdad, hija mía, ya estás grandecita. Has llegado a la edad en la que el sufrimiento asoma y la risa se hace escasa porque la verdad es su enemiga. Tú no eres la única hija que tuve. Cuando estabas recién nacida, una hermana, tan linda como tú, tan parecida a ti, alegraba este rancho con su risa. Se llamaba Areisha, tenía tu sonrisa, tus ojos. Tenía todo lo que heredaste para mostrar, sólo le faltó la fortuna.

—Cuéntame de mi hermana, madre, qué se hizo, por qué no le da alegría a mi soledad.

—Hace muchos años, cuando tu padre todavía estaba en el rancho y mis manos tejían los mejores chinchorros, yo tenía unas pocas vacas que mis padres me habían legado. Yo las cuidaba mucho porque eran nuestro único patrimonio. Areisha se encargaba de llevarlas a la playa a comer sal, al jagüey para calmar la sed, les buscaba trupillas y paja. Se encariñó mucho con los animales; le tenía nombre a cada una.

Cierto día, mientras ella te cargaba y yo me ocupaba de la comida, las vacas se salieron del corral. Cuando lo advertimos, ya no estaban cerca. El sol se ocultaba y había necesidad de encontrarlas antes de que anocheciera. Areisha no quiso que yo saliera del rancho y se ofreció a buscarlas por los montes cercanos a la playa.

A ella la vieron preguntar por los animales en los ranchos vecinos. También dicen que la vieron dirigirse a la playa, porque desde allí se escuchaban unos mugidos. Mi Areisha se fue a la playa. La última vez que la vieron caminaba rumbo a Pa´apache, la piedra que tiene forma de vaca y que se asoma y oculta en el mar. Me quedé esperando toda la noche, toda la vida, tu hermana nunca apareció. La buscamos por la sabana, por el desierto, por las playas, por las rocas. Su risa no se dejó escuchar, su alegría no se dejó encontrar. Sólo veíamos a Pa´apache que salía oronda del mar, como burlándose de nosotros. Estoy segura que ella se la llevó. No es la primera vez, otras doncellas se han extraviado en la playa. Se han ido a las profundas otredades del misterio y nos han dejado con la pérdida y el llanto asomando a nuestros ojos.

Al otro día regresaron las vacas rumiando su soledad. Murieron de tristeza y desgano. Yo también quería hacerlo, sólo tú me lo impedías. Desde entonces me vine de Castilletes a vivir a Jarara, desde entonces también mis ojos no pueden contener el caudal de lágrimas que mi pecho guarda. Como tú crecías, no quería que notaras mi dolor y mi congoja. Así que me hice plañidera, para darte de comer con mis lágrimas y, de paso, recordar a tu hermana a cada instante; para alimentar tu cuerpo con carne y tu espíritu con risa. Llorar en los velorios ajenos me permite ocultarte mi otra cara, la de la desesperanza, la del desconsuelo, la de la culpa por haber dejado a Areisha lindar los predios de Pa´apache. Me permite alumbrar con velas ajenas las oscuras cavernas de los antros malignos que se llevan a las doncellas. Lloro lejos para no traer más ruina a este rancho y amargura a tu corazón. Soy plañidera por castigo. Envío saludos con los yolujás a tu hermana, por si está en Jepirra, y maldiciones a Pa´apache, por si me escucha. Eso explica mi llanto, hija.

–Ya siento el peso de tu dolor, mamita, ya sé a qué saben las lágrimas. Cuánto has sufrido ocultándome tu dolor para que yo ría, madre. También, hasta ahora comprendo por qué nunca permitiste que visitara a mis parientes de Castilletes; ya no te quedarán lágrimas ¿Se puede atesorar tanto sufrimiento?

–Nunca muere la inquietud cuando se pierde a un hijo. No me resigno a la idea de mi hija perdida allá donde se suicidan las vacas, donde una vaca se volvió piedra. Por eso no debes acercarte a esos lugares. Escucha los consejos, los viejos saben de los lugares de Pulowi.

–Mamita, yo quiero acompañarte en tu oficio, quiero derramar las lágrimas que no pude derramar cuando perdí a mi hermana, quiero sentir a tu lado el calor de las velas y el olor a yolujá, quiero verter la sal que las verdades sacan a nuestros ojos. Déjame cargar esta pena contigo, mamita, déjame lavar con llanto esta herida.

–No mi niña, he de ser yo quien cargue con esta desdicha. Aún me quedan lágrimas de un velorio que nunca quise hacer. Aún tengo arrestos para gemir un dolor que aunque crean que es fingido, es real. Come tú la roja dulzura de la iwaalaya, deja para mí las espinas. Ahora ve a acostarte, mi niña, yo guardaré mis lágrimas para un próximo velorio.

GLOSARIO

Iwaalayas: Fruto rojizo de algunas variedades de cactus.

Jepirra: Santuario mítico de los muertos. Mansión de los espíritus. Se localiza al nordeste de la península, cerca al Cabo de la Vela. Se le confiere características edénicas. Los wayuú preparan a sus difuntos para la vida en Jepirra, por ello introducen en el ataúd sus pertenencias y sacrifican animales cuya alma acompaña al finado a su nueva morada.

Juya: Ente mítico masculino. Dios de la lluvia, el rayo y el trueno, de espíritu errante y mujeriego, patrón que reproducen los wayuú varones. Representa la fertilidad.

Trupillas: Fruto del árbol de cují (Prosopis Juliflora). El árbol también se denomina trupillo.

Yolujá: Espíritu o ánima de los muertos. Designa el alma de los wayuú, pero también se asocia con toda aparición sobrenatural.

Los akalaküi o jaka´lakuichones son una especie de pigmeos, singladores, que suelen aparecer en la soledad de Makuira. Salteadores de los caminos. Son duendes velludos, con flechas y penachos, que profieren chillidos similares a los de los cerdos. Pueden ser sumamente peligrosos para quien los encuentre; penetran con su falo los orificios de la persona hasta causarle la muerte. Los Desana describen a unos entes fálicos llamados *Uáxti*, pequeños seres velludos de la selva del Vaupés. En Valdivia, Chile, se cuentan historias de la *Ronda de duendes*, enanos danzarines de trajes vistosos que le ponen susto a las noches de la provincia austral.

Mashensa estaba en la plenitud de sus fuerzas y de su destreza como cazador. Castorina lucía lozana su nueva vida como doncella recién salida del encierro, pura por el maíz y el jawaapi, casta por la cría de su familia. Mashensa era conocido en la ranchería de Ishamana como ágil jinete, diestro con la flecha y la cauchera. Hombre curtido en la caza a pesar de su mocedad. Castorina, la hija de Irotay, la nueva majayu'ulü de la comarca, era conocida como la risueña y linda colegiala que se entretenía escuchando a las aves cantar, recogiendo iwaalayas mientras recorría los caminos a la lejana escuela.

Ambos vivían cerca, jugaban a las escondidas. Ella le alabab su fortaleza y la melodía de su tootoroyoi, él su gracia y sencillez. A ella le disgustaba que él cazara aves, a él que ella jugara con otros muchachos. Un encanto secreto los unía, tanto que cada uno, secretamente, soñaba con el futuro matrimonio. Su amistad se hizo sólida con los años, sincera por la confianza. Pero no imaginarían que pronto se vería menoscabada; y todo comenzó con la llegada de Sorina.

Sorina, una altiva y muy coqueta doncella, se había mudado en las cercanías con sus padres, quienes huyendo de la sequía en Süchiima se habían ubicado cerca a la ranchería del padre de Mashensa. El nombre de Sorina se hizo notorio entre los jóvenes de Ishamana. Su andar coqueto y sugestivo, su pícara sonrisa mostraba a las claras que la cercanía a la ciudad le había enseñado mucho sobre los hombres y le había dejado poco de su inocencia y candidez. Mashensa la conoció en el molino, mientras ella se bañaba. Él sintió que los nervios lo amordazaban, lo dejaban sin palabras. Ella se bañaba impudorosa, sin el recato de Castorina. Él no le era indiferente a Sorina. Ella comenzó así a manejar los hilos de sus sentimientos.

Como no asistía a clases, Sorina buscaba pretextos para acercarse a Mashensa.

–Ayúdame a buscar unas frutas para mi pobre abuela.

–Como tú digas, Sorina.

–Mi lorito se subió al trupillo, ¿por qué no me lo alcanzas?

–Como tú digas, Sorina.

–Mashe, ayúdame a traer agua del molino.

–Como tú digas, Sorina.

Sorina le robaba el tiempo y la atención, y no sólo eso, le robaba la ilusión de Castorina, quien comenzaba a extrañar la ausencia de su amigo de infancia. Ya no la acompañaba a la escuela, ya no había *brujitas* de pasionaria para corretear, ni iwaalayas para ella. Ya la brisa no le traía la alegría de la tootoroyoi. Castorina estaba muy triste.

–Abuela, abuela, ¿por qué los amigos se alejan?

–Castorina, Castorina, él ahora tiene otras preferencias, y es su vecina.

Castorina quiso dedicarse de lleno a sus estudios y a sus quehaceres domésticos, para no pensar en Mashensa, pero oía su canto cuando molía el maíz, su tootoroyoi cuando arreaba las ovejas. Le parecía verlo asomar cuando se bañaba en el molino, creía sentir sus pasos, camino a la escuela. Mientras tanto, Mashensa luchaba por arrancarle un sí a Sorina. Sería llevarse el júbilo disputado a los muchos pretendientes que ya sumaba la casquivana doncella.

– ¿Estás dispuesto a luchar por mi amor?

–Lo que tú digas, Sorina.

–En esa parte, Makuira, –señaló con su dedo– dicen que hay un conejo, que su cabeza es blanca y su cuerpo negro: lo quiero muerto.

– Lo que tú digas, Sorina.

Mashensa esperó la noche, tomó su flecha y una linterna, se adentró en la espesura del cerro. Vio muchos conejos que tuvo que abandonar. Corrían las horas y él alumbraba los caminos. Cada cueva, cada cacimba, sabía los escondrijos, pero no encontraba el conejo para Sorina. Muchas horas pasaron, muchos conejos, algunos sustos, hasta que al fin, cerca a una cacimba, vio al conejo que había burlado a muchos cazadores. Le alumbró, pero el ágil animal no se quedó fascinado, saltó buscando la fronda. Él preparó el arco y dejó salir la flecha hacia la oscuridad calculando la velocidad del conejo. Sintió el chillido y corrió. Allí estaba la presa que Sorina degustaría al nacer el nuevo día.

–Una segunda prueba haz de pasar: llegando a aquella piedra del cerro, de éste mismo lado, dicen que abreva un venado: lo quiero mañana.

–Lo que tú digas, Sorina– y el complaciente enamorado salió de madrugada; en las mañanitas los venados llegan a abrevar. Era una mañana lluviosa, eso tal vez complicaría la caza, pues el animal no tendría que bajar. Esperó por largo rato, ya se desesperaba, ni su tootoroyoi podría tocar, pues el animal se ahuyentaría.

Decidió irlo a buscar, se montó a lo amarillo de un cañahuate muy alto y pudo divisar a una pequeña manada. Subió y subió hacia el cerro, y al fin pudo atisbar los venados. Se montó en un árbol y esperó verlos pasar; y su rápido lazo rompió el aire para apresar al esquivo animal montaraz. La segunda prueba estaba superada.

–Una última prueba haz de superar: en la parte más alta del cerro se escuchan los chillidos de un zaino, para mañana en la mañana lo quiero conmigo.

Mashensa sintió un ligero escalofrío, porque él sabía, como de seguro también Sorina, que la parte superior del cerro era propiedad de los Akalaküi, los duendes malignos. Mashensa nunca se había atrevido a subir esa parte. Sus padres lo habían prevenido, le contaron de los pequeños hombrecillos que chillaban como cerdos y les hacían daño a los mortales que desafían la montaña. Aun así, a pesar de su temor, estaba dispuesto a la aventura para complacer los caprichos de la risueña doncella.

–Como tú digas, Sorina.

Empacó sus cosas y marchó, un poco temeroso, pero decidido. Quiso bañarse en el molino para emprender la marcha; la suerte le permitió encontrarse con Castorina.

– ¡Mashe, qué alegría verte, amigo mío!

–Castorina, me apena saludarte, sé que he faltado a nuestra amistad, dijo cabizbajo y con ligero asomo de arrepentimiento.

Le contó a Castorina que iba de caza a la serranía. Ella le previno sobre lo que temía. Él le ocultó sus pretensiones por Sorina, ella ya lo sabía, pero decidió ser discreta y guardarse sus celos. Le deseó suerte y de su mano desató una pulsera tejida, con un envoltorio anudado.

–Es la lanía que Namatiria, la piache ciega, la que todo lo ve, me regaló. Si algo te ocurre, tómalo en tu mano y canta fuerte, lo que dice así. *¡De por aquí, de por allá, seas mortal, seas yolujá, sal de mi vista, déjame en paz, la piache ciega te reprenderá. Já!*

Mashensa repasó el canto, le tomó la mano a Castorina en señal de agradecimiento y decidió poner fin a su compromiso con la caza.

Tuvo que caminar mucho sintiendo el sol cada vez más cerca de sus espaldas. A veces la música de su tootoroyoi paliaba la caminata. Se preguntó entonces, ¿por qué Sorina, si lo tenía como pretendiente, lo enviaba al peligro?

La noche llegó y Mashensa agudizó su instinto de cazador. Caminaba sigiloso, el ojo al acecho, los oídos expectantes mientras la linterna luchaba contra la oscuridad. La búsqueda continuaba mientras la noche transitaba serena y fría.

Pasaron las horas, la caza era inútil, Mashensa se fastidiaba. Cuando escuchó un chillido lejano, se sobresaltó emocionado. Se dirigió hacia la parte más alta de la piedra, allí el chillido se hacía cercano. Ya estaba seguro de que el zaino sería su presa. Subió a la piedra y encontró una parte plena. Buscó con la linterna al animal, pero no encontró nada. La luz comenzó a apagarse – justo ahora las pilas se agotan– pensó. Se quedó sin luz y los chillidos se multiplicaban. Serían muchos zainos, se acercaban, lo rodeaban. Mashensa comenzó a sentir miedo, tensionó la flecha. *¡Oíink, oíink!* escuchaba cerca de sí. A un lado, a otro, *¡Oíink, oíink!* Lo ensordecían los chillidos, el temor lo invadía. Porque ya tenía la certeza de que estaba en el territorio de los akalaküi. Si se dejaba apresar jugarían con su cuerpo, le penetrarían sin piedad con sus punzantes falos, por los oídos, por la nariz, por delante, por detrás, *¡Oíink, oíink!* Ya comenzaban su danza alrededor de Mashensa, de un Mashensa sudoroso y asustado, de un Mashensa arrepentido, *¡Oíink, oíink!* Uno lo tocaba por delante, otro por detrás. Uno reía, el otro chillaba. Estaba a punto de llorar. No podía correr, sus piernas no respondían, la flecha cayó de sus manos –maldita seas Sorina, si fueras como Castorina, si...– eso era, la lanía que le dio Castorina. La buscó con desespero, la tomó en sus manos y gritó en medio de los chillidos: *¡De por aquí, de por allá, seas mortal, seas yolujá, sal de mi vista, déjame en paz, la piache ciega te reprenderá. ja´!*

Al instante, los chillidos se hicieron lastimeros, como si los duendecillos malignos sintieran azotes invisibles; buscó la linterna y esta vez sí funcionó. Los alumbró, eran muy pequeños, plumas coloridas adornaban sus cabezas. Sus puntas, afiladas. Pero retrocedían abatidos como si la vieja piache los castigara desde la oscuridad de su ceguera. Se alejaban. Sus chillidos también. Mashensa aprovechó para escapar, corrió y corrió por largo rato, caminó y caminó hasta alejarse. Tuvo tiempo para pensar y, sobre todo, para arrepentirse. Había sido insensato al pretender complacer a la caprichosa Sorina, culpable de su tormentosa aventura. Qué bruto había sido alejarse de Castorina, sencilla y humilde, incapaz de impulsarlo al peligro; al regresar, todo sería diferente.

En cuanto estuvo en casa, luego de reposarse y contarle a los suyos la pesadilla ya superada, buscó a Castorina, le confesó su amor, le habló de planes futuros y tuvo arrestos para pedir su mano, la que le fue concedida al llegar a un arreglo sobre la dote.

Unas semanas más tarde, con una gran yonna y una comilona se festejó la boda del cazador y la dulce doncella de su infancia. Los padres previnieron a sus hijos para que no sucumbieran antes los caprichos de Sorina. Los pretendientes se le alejaron tanto, que tuvo que refugiarse en la eterna soltería criando sobrinos. Ese no era el único consejo, porque todos debían saber que el territorio de los akalaküi no se puede pisar. Sus chillidos se escuchaban desde el cerro. Los cazadores lo saben, y ahora, tú también.

GLOSARIO

Jawaapia: (Melochia tormentosa). Planta llamada escobilla morada, con la que se prepara una infusión amarga que purifica el organismo.

Lanía: Amuleto o contra. Envoltorio pequeño que previene de maleficios y le concede suerte a su portador. Los indígenas distinguen varios tipos, según su uso.

Tootoroyoi: Wootoroyoi. Instrumento musical tipo carrizo, fabricado con una vara larga y hueca, presenta cuatro agujeros y una totuma adherida a la punta.

Es el espíritu (yolujá) del mal olor. Se manifiesta como viento pestilente que barrunta una desgracia o problemas para la familia. Ante su presencia los animales se inquietan y los niños se enferman. Se considera que surge del hedor que despiden los cadáveres a la hora de sepultarlos. El nombre se asocia también con los murciélagos. Oreste Plath nos habla de un endriago con características similares, *el Kawtcho*, creencia arraigada en Tierra del Fuego, Chile.

Que no te pase, paisano, porque un torrente de desgracia te aplastará, cuida tu corral, resguarda tu casa y, sobre todo... mantén lejos a tus niños de la amenaza oliente. Márrüla acecha cuando la muerte es vecina.

Que no te pase como a Mincola, la de los chinchorros coloridos. Ella ahora se cuida, Márrüla vadea su rancho, pero no entra. Cuando Amancio se consumió en esa tos que no descansa, cuando el outshii renunció a la lucha contra los demonios de la enfermedad y decidieron enterrarlo, no imaginaban los Pushaina que dentro del difunto, Márrüla acechaba escondido, negando la paz del espíritu, cerrando las puertas al camino de los muertos.

Una vez en el cementerio, su tío mayor quiso verlo por última vez, pero escapaba a su sabiduría que el espíritu del mal olor espera ansioso en los ataúdes para escaparse a campear los montes. El yolujá se soltó brioso y fugaz como chivo en manada, pasó entre la parentela dolida dejando su espeso hedor.

Al rato todo parecía tranquilo. No era así, Márrüla estaba ya horadando los cuerpos de los niños que asistieron a despedir a su padre. Cinco hijos de Mincola y Amancio comenzaron a enfermarse desde ese día, y el vómito venía: *¡Juák, juák!* Y la fiebre ya ponía brasas a la piel: *¡Juák, juák!* Se escuchaba en cada rincón de la ranchería: *¡Juák, juák!* Uno en la enramada: *¡Juák, juák!* Otro en la cocina: *¡Juák, juák!* Dos más en el rancho: *¡Juák, juák!* El mayor en el corral. Mincola no hallaba qué prometer al ouutshii. Todo era llanto y vómito. La manilla y el conjuro, el piache que arremete con su saber, mucha voluntad se necesitaba para derrotar a Márrüla. Los animales se inquietaban en el corral. Retahílas de lloros, ensalmos, insultos de piache, relinchos y balidos y el *¡Juák,juák!* Márrüla atacaba.

Pasaron los días y el ouutshii extenuado anunciaba su victoria. La fiebre y el vómito cedían, Márrüla había dejado en paz a los niños. En sus cuerpos enflaquecidos no había carne sino para empezar a vivir de nuevo. Los animales regresaron a la quietud... ahí vas Márrüla... busca otros caminos, y así pudo el hogar de Mincola librarse del yolujá del mal olor.

Que no te pase nunca, paisano. Por eso, no lleves a tus niños a los sepelios, abre paso cuando destapes el ataúd, trata de construir el ataúd con tronco de patsua. Muchas velas, mucha luz, mucho fuego para alumbrar el camino hacia Jepirra. Si trata de espantar a tus animales y a tus niños, que tu mujer agite sus pantaletas, que le grite groserías y protege tu rancho, porque cuando veas calaveras de animales en las cercas y notas que riegan los alrededores con kerosén, están ahuyentando a Márrüla, le están cerrando el paso. Que no te pase paisano, que no te pase.

GLOSARIO

Patsua: (Eritrina berteroama). Árbol de pionío.

KÉRRARIYA

Fuegos fatuos, manifestación esplendente que suele aparecer a quienes desafían ebrios la noche. Según el mito del sol y la luna (Nukuwaipa ka´i numaa kashi) Keeraliee era un wayuú que ayudó a la luna a robarle el sombrero (fuente de luz) al sol mientras éste dormía, por lo que fue perseguido y encontró refugio en los cardones viejos. Desde entonces mora en esos árboles en forma de iguanidos; de noche sale a mostrar sus propiedades lumínicas. En los Llanos Orientales de Colombia se escucha hablar de *La bola de fuego*, en circunstancias de aparición semejante; al igual que en la Amazonía peruana y brasileña. En Chile, *Anchimallén*, mujer del sol, es un ente protector que se manifiesta como fuego fatuo.

Cochón estaba bebiendo de nuevo. Era sábado, pero para él sería lo mismo que fuese lunes o miércoles. Zunilda lo vio salir, como queriendo sacarle con las ansias del hambre las monedas que llevaba en el bolsillo de su guayuco. Tampoco hoy habría para comer. Llevaba en la mano los tres dedos de chirrinchi que el sueño le permitió guardar para iniciar *entonado* el nuevo día.

Su mujer no sabía cuantos días sumaban desde que la costumbre de tomar se hizo permanente. Ya no había chivos en el corral, las gallinas picaban suelos ajenos donde Cochón las cambiaba por licor. Zunilda y sus tres hijos mascaban los granos de maíz tostado que la vecina generosa les regaló. Pero todo era tristeza en el rancho y Cochón reía en las enramadas de los amigos, todo era fiesta.

–Aconseje a Cochón, alaula– se quejaba Zunilda ante Jaricho, el tío de Cochón. Pero la embriaguez es enemiga de la razón. Cochón no prestó oídos a los consejos del anciano.

–La luz alumbrará el camino de los incautos– le dijo Jaricho, mas el borracho no veía la luz de la verdad. La oscuridad de la eterna fiesta en la que vivía, le impedía ver las cosas con mente clara.

–No hay ron que pueda con Cochón– decía.

Ya de nada le servían los reclamos de su resignada mujer, cada mañana iniciaba la parranda que moría a altas horas de la noche, cuando sólo el conejo le pone vida a los atajos. Tampoco el llanto famélico de sus hijos lo llamaron al arrepentimiento. El chirrinchi lo esperaba.

–No hay ron que pueda con Cochón.

Pasaban los días y la fama de chirrinchero de Cochón se esparcía por todas las rancherías de Jarara. Ya no tenía utensilios para cambiar por licor. Sin haberse dado cuenta, se había entregado a la mendicidad.

–Regálame un trago, mira que no hay ron que pueda con Cochón–. Y ya su ebriedad de semanas enteras no le daba tiempo para visitar su hogar. De las enramadas se levantaba somnoliento y, a veces, amanecía tendido en cualquier atajo, bajo cualquier árbol; incluso, recostado a un rancho que no era el suyo. El ron ya lo vencía con facilidad, su *no hay ron que pueda con Cochón*, se escuchaba sin vitalidad.

Fue en una de esas noches de licor, en la que Cochón echó a rodar su beodez hacia donde lo llevaran sus fuerzas y sus ganas de conseguir licor. Caminó y caminó, y los torpes pies no sentían las espinas. Caminó y caminó. Se tropezaba y a tientas seguía. Caminó y caminó, no se sabe cuánto tiempo, cuánta distancia. Volteó y logró divisar una luz a lo lejos. No era la luna. Tal vez las linternas de los cazadores de conejos. La luz se acercaba, se iba haciendo inmensa. Cochón se encandilaba, se enceguecía. Ya no sabía por dónde caminaba. Los pasos torpes. No había claridad en su mente. Cochón sintió el calor de la luz sobre su cabeza y trató de correr, pero su cuerpo ya no obedecía.

Dicen que fueron los vendedores de carne de chivo los primeros en encontrarlo, inconsciente y delirante. Al parecer, en su loca carrera se precipitó a un barranco y un tunal lo recibió con sus espinas. El suceso se regó por las encrucijadas de los caminos, y los abuelos recordaron a Kérrariya: *Cuando falta la luz en los incautos, ella aparece*. Dicen que durante el día es un reptil, cualquier cactus viejo le sirve de casa, de noche sale con su luz a espantar a los necios.

De Cochón sólo queda la fama de gran bebedor, *su no hay ron que pueda con Cochón*, el apodo de *El mocho*, pues perdió una pierna en el accidente, le quedó un ojo sin luz, y los comentarios de que, luego de la desgracia, quedó preñado, pues se veía pipón, y hay quienes aseguran que parió una iguana que hoy acecha los caminos nocturnos.

GLOSARIO

96

Alaula: Anciano, tío materno o mayor de edad digno de respeto. Cacique de un clan.

Personaje legendario que, según la tradición, aparece en la serranía de Makuira. Es el anciano sátiro, guardián de los montes, de los animales y de los caminos, capaz de orientar o confundir al viajero que lo encuentra. Suele pedir tabaco o licor y se caracteriza por carecer de una extremidad inferior, su único pie se prolonga hacia sus espaldas. En la leyenda de Waleker se refieren a Wanesütay como el destripador de niños que se creía había raptado a Wookoloonat o Waleker. Tales propiedades pueden derivarse de una asociación con la *Patasola*, mito común en América, que según J. Ignacio Duque es una mujer de una sola pata (la otra se la cortó el marido como castigo a sus infidelidades). Ella roba niños para chuparles la sangre.

En la tradición oral del Río Grande do Sul, Brasil, se habla de un personaje con sus características llamado *Caipora*; el *Poira* es bromista y protector de los peces en el río Magdalena Medio; en México se habla de un ente tutelar de lo ecológico, llamado *El monteresco*; en la Amazonía y el Río de la Plata existe el *El hojarasquín*; entre los Desana del Vaupés se conoce el *Wai-maxse* (protector de los animales); en otros lares se le denomina *Padremonte*.

El Wanesütay presenta sus versiones femeninas no sólo en *La Madremonte* y *La Patasola*, sino en *La Tunda* de la Costa Pacífica meridional; *La Mancarita*, leyenda de los Santanderes, Venezuela y Cuba; *La mujer del Katey*, en el Estado Trujillo (Venezuela), y *La Ciguamonta* o *La Ciguapa*, en Las Antillas.

Desde pequeño oía hablar de Wanesütay. Mi papá, en sus madrugadas de jayeechi y en los coloquios con sus amigos, lo solía mencionar. Mientras crecía sentí el temor de su presencia, cuando en los descansos del pastoreo me reunía con Leandro, Ramiro y Tuto. Entonces, alguno de ellos se refería a los espantos de los caminos para llenarnos de temor el regreso al rancho.

El de una sola pata puede aparecer en cualquier momento, en el día o en la noche. Es de los pocos yolujás que no le teme a Ká´i. Wanesütay es un wayuú envejecido que ríe a carcajadas, su pie mira hacia atrás pero es capaz de alcanzar al más veloz de los caminantes. Es amistoso si tú lo eres con él; despiadado, si le muestras desprecio. Los que viven en cercanía a Makuira y acostumbran a cruzar distancias de la serranía, puede toparse con él, sobre todo los pastores.

Se cuenta de Isho, que era uno de los más diestros arreadores de chivos, capaz de descifrar las más intrincadas encrucijadas y conocedor de cada cueva en la pampa. Solía alegrar la faena con la melodía de su türompa. En sus correrías de chivos hambrientos se topó un día con Wanesütay. Un temor indescriptible se apoderó del pastor, pero se tomó confianza cuando el sonreído caminante lo saludó jovial y amistoso.

–Ajá, waira, que los caminos te protejan.

Surgió el diálogo espontáneo, por lo que Isho se entregó a la charla. Le contó de sus travesuras, de los chivos más ariscos e indomables. Fue entonces cuando Wanesütay le pidió tabaco y chirrinchi.

–Quédate con estos tabacos waré– se despidió Isho para continuar su camino al jagüey.

Los encuentros se hicieron frecuentes, Isho dedicaba más tiempo a reír con las historias de paisanos impertinentes que el anciano le contaba, que a cuidar de su rebaño. Siempre le llevaba tabaco y chirrinchi, y el viejo *Mocho* le entregaba los secretos de las cuevas, de los caminos. Le aconsejaba sobre el cuido a la naturaleza, los misterios de la noche y las promesas de vida apacible en lo más alto de la serranía, en la cima fría de los hontanares.

Isho no escondió a nadie su amistad con el extraño espectro serrano, pero ningún pastor quiso secundar sus andanzas de monte. Ya le preguntaban por su compañero de charlas.

–Salúdame al *Mocho*, Isho.

Una tarde lo vieron salir en la mañana con sus cuarenta y dos chivos, su perro Makü, con un litro de chirrinchi, cinco tabacos, su cauchera en la mochila y el encanto sonoro de su türompa que se regaba por los caminos. Se adentró a la serranía buscando el hontanar de las alturas que le daría agua fresca a su rebaño, y al viejo anacoreta que le daría compañía y risa a su soledad. En la tarde regresó Makü con un ladrido inquieto, los chivos guiados con la maestría del perro pastor, pero no estaba Isho con ellos.

Todos se preguntaron por él, sus tíos lo buscaron en las laderas de la serranía, en la espesura de la montaña, en las cuevas rocosas, pero, nunca apareció el chico de los arreos. Al parecer habita en los más inaccesibles cubiles montañosos de Makuira, ahora ríe a carcajadas. Algunos andariegos dicen haberlo visto pidiendo ron y tabaco, perdió una de sus piernas y su pie busca la espalda. Es otro Wanesütay. Por eso, cuando vayas a la serranía, no olvides llevar regalos para él, podría enojarse y nunca regresarías a casa.

Ka'i: Sol

Türompa: Trompa. Instrumento metálico de viento, imitación
artesanal de la dulzaina.

Waira: Waré, amigo, paisano.

Waré: Vocativo, apócope de "warekay", amigo.

Los pastores cuentan la historia de este espectro, mitad ovejo, mitad serpiente, que sale del mar en las noches. Lo asocian con los caprinos que se escapan de los rebaños y nunca aparecen. Según la tradición, van a parar a las grutas profundas del mar; esto da explicación a los balidos nocturnos que se orientan al mar, que según los wayuú, dialogan con sus parientes extraviados en las aguas. En el sur de La Guajira, en las riberas de río Ranchería, se escucha hablar del Doroy; con las mismas características con que es arrastrado por el río cuando está crecido, se dice que si alguna vez lo ven ir en sentido contrario a la corriente, sería el fin del mundo.

En cercanía de Kajúo, Guajira venezolana, vivía Irotay. Su familia le dio el oficio de pastor, el destino le confirió la mala costumbre de la desobediencia. El primero, de gran responsabilidad: era el guardián de la riqueza de la familia. La segunda, de gran arraigo: disgustaba a sus padres con mucha frecuencia. Su terquedad sacaba de casillas a cualquiera.

Irotay era alegre y fuerte, era el señor de los caminos. Sus pies ágiles y su lazo veloz adiestraron a los mas indómitos cabríos del rebaño y le habían dado fama en la rancherías vecinas. Muy difícilmente perdía un animal.

Un día Irotay vio a Nacarí, una de las más hermosas majayu'ulü de esos montes. Su largo cabello era mariposa de la ventisca y sus pies parecían acariciar el suelo. Coqueta y esquiva como los pájaros silvestres. Su padre le pidió a Irotay que no se fijara en ella, porque un wayuú de Wana ya había ofrecido dote por ella. Estaba solicitada en compromiso. Pero, Irotay hizo caso omiso a los consejos de parientes y extraños. Se le aparecía tras los árboles, arreaba los chivos impidiéndoles el paso, vigilaba su baño en el molino. Aunque ella le mostraba indiferencia, él dedicaba más tiempo al galanteo; tiempo que robaba al cuido de los chivos y ovejos.

Con el pasar de los días, Irotay comenzó a abandonar el rebaño por horas. Rodeaba los caminos del rancho de Nacarí. Ya el padre de ésta le había llevado el reclamo al padre del pastor.

–Su hijo molesta a Nacarí, ella es ajena.

Pero de nada servían los regaños al joven enamorado; como tampoco lo hizo desistir la pérdida de varios animales, causada por su descuido.

Día tras día se perdían dos y tres animales; eso no preocupaba a Irotay, que luchaba con denuedo por sacar una sonrisa a la briosa cabellona de pies sutiles. Sus padres comenzaron a notar los rebaños diezmados.

–¿Dónde están los demás animales, Irotay?– y él mentía.

–Los dejé en un corral vecino, son chivos viejos y se cansan.

Cuando ya eran muchos los chivos y la desconfianza de los padres crecía, Irotay comenzó a preocuparse. Ya sus mentiras no convencían, como tampoco sus galanteos a Nacarí. Comprendió que debía reponer los animales perdidos o su papá lo castigaría enviándolo al internado, el peor de los castigos para un pastor.

Había escuchado entre los pastores que los chivos siempre huyen hacia el mar: *Todo animal se enrruta buscando la playa.* El mar los recibe, les enseña sus misteriosas guaridas, que los pastores no pueden ver. Por eso –recordó Irotay– escuchaba de noche los balidos lastimeros que buscaban las aguas saladas, llamando a sus seres queridos que de noche salen a pasear a la playa.

Entonces Irotay decidió que recuperaría a toda costa sus chivos, iría a la lejanía nocturna del mar, a la noche de los balidos en la playa. Muy a pesar de los consejos de los otros pastores, decidió obedecer a su terquedad. Mintió de nuevo a su padre.

–Que cuide Saúl los chivos, anoche soñé con tía Mara y deseo viajar a visitarla.

Partió con las provisiones necesarias, agua, panela, maíz tostado, chicha y cecina. El viaje le tomaría todo el día. En la noche llegaría a la playa, esperaría escondido a que los ovejos del mar salgan a pasear su soledumbre salobre y con su ágil lazo recuperaría los catorce chivos fugitivos, y aun, llevaría otros tantos. Tenía que pensar en una dote, si quería ganar el amor de Nacarí.

Cansado por la larga caminata se tendió extenuado en la playa; sólo se oía el bramido colérico de un nada sosegado mar. Esperó durante largo rato. Abrigaba la esperanza de que tal faena le depararía fama entre los demás pastores, le contaría a Nacarí. Rato después, escuchó los balidos, miró fijamente hacia el océano. Entonces divisó la blanca cabeza de un ovejo imponente por su tamaño. Irotay se alegró; aunque escuchaba muchos balidos, sólo veía la cabeza del blanco cabrío que relucía bajo la luna llena. Se agazapó tras un tronco de uva playera. Preparó su lazo. Ya el ovejo estaba en la playa. Irotay lo dejó caminar para enlazarlo por detrás. Saltó hábilmente del tronco y se acercó al animal. Pero cuando levantó el lazo, notó que de la cabeza del ovejo pendía un largo cuerpo que reptaba en la arena, tenía cuerpo de serpiente. El temor le hizo soltar el lazo, no tuvo tiempo de recoger su mochila. La prisa, azotada por el temor, puso distancia a su carrera. Corrió toda la noche.

Los perros del rancho despertaron a su padre, que lo vio llegar en la madrugada. Tenía los pies hinchados y ensangrentados por las espinas, los ojos espantados, incapaz de proferir palabra coherente. Sólo pudo contar lo sucedido horas después.

Irotay tuvo que renunciar al amor de Nacarí, que terminó casada con su pretendiente de Wana. El pastor fue internado al mandato regio de los curas; su padre no volvió a confiar en él. Los pastores lo recuerdan como el wayuú desobediente que quiso enfrentarse a los misterios nocturnos del mar. Irotay se arrepintió mucho, y supo entonces que lo perdido, perdido está, sobre todo si se perdió en el mar. La noche sigue regando los balidos que van al mar.

Como quiera que en la tradición oral la verdad se relativiza, se encuentran muchas descripciones de éste personaje, que algunos llaman *Mapünajachi*. Su apariencia es muy similar a la que el autor Ramón Paz y otros informantes ofrecen sobre Wanülü: hombre blanco, nórdico, bien ataviado, con prendas, revólver y puñal de oro. Siempre monta a caballo (otros sostienen que una mula), se hace acompañar de dos canes negros que olfatean sus presas humanas. Suele aparecer en épocas de lluvia, es heredero de algunas propiedades de Juyá, pues se le asocia con el trueno, el relámpago y el rayo. Se cuenta de muchos wayuú que han muerto al encuentro con este endriago, que no deja huellas a su paso sino relinchos,

113

ladridos, el ruido metálico de sus aperos y fogonazos en el cielo. Se conocen testimonios de su aparición en las estribaciones de la serranía de Perijá, cauce del río Parahuachón y en las cercanías a Uribia.

Tú lo habías dicho mamá, tú me lo habías advertido. Me duele mamá, me queman las brasas de su caballo. Me hieren los oídos los relinchos. ¿Es que no sientes los coces violentos sobre las piedras? Aún siento que está detrás de mí. Creo que todavía estoy empapado.

Han pasado varios días desde que vi a Shaneetay, desde que el aliento cálido de su caballo quemó mis espaldas. Desde que los cascos y fauces coléricas fatigaron mis pies. Desde que el rayo me robó, momentáneamente, la luz. No creo que esa vivencia sirva sólo para el recuerdo, no; no habrá noche en que no me sobresalte la zozobra, ni lluvia en la que no escuche los relinchos y ladridos. Shannetay estará siempre al acecho.

Fue esa noche, mamá, tú lo dijiste; eran los días en que Takochon celebró el baile de la cabrita para que entre todos le ayudáramos a preparar la roza para la siembra. Ya se iniciaban las primeras lluvias del año. *Estos son días de peligro,* recuerdo que dijiste. Fue cuando hablaste de Shaneetay, el jinete rico de brioso caballo y fieros perros cazadores. No te hicimos caso, mamá; donde Takochon había chirrinchi, había majayu'ulü, había risa y placer para mitigar las faenas del labrado. Por eso nos fuimos todos, no hubo joven en la ranchería que no se dejara arrastrar por la kaasha incitadora y el olor a hembra. Así nos olvidamos de los consejos. Escapaba a nuestra precaución que las noches son amigas del misterio y alcahuetas del terror; que los caminos esconden el susto y la maldad; que los yolujás malignos se escudan en la noche, de la vigilia de los dioses, para castigar a los wayuú.

–En estos días brumosos de lluvia shaneetay suelta sus perros– recuerdo que decías. Pero impelido por la sed de asueto, me fui con los demás paisanos. El baile de la cabrita ya olía a chirrinchi, a sudor, a lujuria. Las rondas le daban vida a la naturaleza, imitando al zamuro, al tigre, al trueno, a la brisa. Nos dejamos atrapar por el goce, la risa y el galanteo. Así la noche rodó silenciosa alrededor nuestro, hasta que comprendimos lo tarde que era y la inminencia de lluvia que los truenos barruntaban.

Recuerdo que traté de apresurarme y me adelanté a los vecinos; ya el sereno me empapaba y los truenos sacudían el suelo. Estaba muy oscuro, pero la recurrencia de los relámpagos me mostraba el camino, largo, zigzagueante. Mis pasos eran torpes, el mareo del chirrinchi, el cansancio y el frío aterían mis articulaciones. Ya no escuchaba las risas de quienes venían detrás de mí. Fue entonces cuando todo ocurrió: los ladridos de los perros y el relincho disputaban con los truenos el silencio nocturno. Me extrañé. No suelen transitar los perros tan tarde, ya se hacían cercanos. Yo me apresuraba, comprendí que era su presa cuando el relámpago desnudó sus ojos de fuego y el resplandor de un caballo blanco me quitó el poco sosiego que tenía. Corrí con torpeza, el camino se hizo intrincado, tortuoso.

Cuando la carrera me permitió mirar atrás, aún me seguían, el caballo estaba en mis espaldas. Un soplo de fuego salía de sus narices y quemaba mi camisa, mis hombros pringados de lluvia y sudor miedoso. Los perros negros hostigaban mis talones como para quitarle movimiento al cuerpo. El hombre blanco del sombrero y sus ansias de mal espoleando las bestias. Algo brillaba en sus dientes, en su cuello, en sus manos, en su cinto. El relámpago riñó con los lampos dorados que acicalaban de riqueza su cuerpo.

Sabía que Shaneetay puede matar a quien le plazca y que su sed de sangre se hacía insaciable con la lluvia. Sentí mucho miedo. Comprendí que el miedo nos ofrece dos caminos: uno, nos alienta a la nulidad estática y a la resignación, al placer de morir; el otro, nos impele a la resistencia, nos reanima y presta arrestos, porque la vida nos abre ventanas aún no visitadas. Fue ese el camino que elegí. Seguí corriendo con las fuerzas que me quedaban. Del camino tomé ramas y piedras para restarles velocidad a los perros, pero el aliento y los relinchos seguían. Ya la lluvia arreciaba con violentas gotas, la visibilidad se opacaba. No podía ver. Sólo mis pies sentían el camino, me extrañé que no tropezaran, que una fuerza peregrina guiaba mi cuerpo por una senda que reconocí como la que conducía a la ranchería. La pirotecnia estridente del cielo me hizo volver la vista. Ya no estaban los perros. Ya no me quemaba la espalda los bufidos. Ya no vi los lampos dorados, pero sí noté que muchos rayos y truenos restallaban con simultaneidad como si riñeran. Unos venían del cielo; otros parecían manar de la fronda oscura del camino.

Fue entonces cuando uno de esos rayos me tumbó, sentí fogonazos a mis espaldas y penumbras en mis ojos. En ese instante caí, y no hubo más vida para mi, hasta que desperté aquí, mamá. No sé cómo me encontraste, no sé cuánto tiempo pasó, no sé de los truenos, rayos y relámpagos. Tú me dijiste que Juyá me había salvado, que aún no reclamaba mi sangre, que tú lo invocaste y que Shaneetay lo enfrentó con su fuego. Por eso estoy aquí, con la espalda lacerada, con los talones sangrantes, sintiendo el campanilleo de sus polainas y aperos, el calor de su caballo, los destellos de su oro y el ladrido furioso de sus perros cazadores. Algunos no me creen, dicen que miento, porque nunca encontraron huellas del caballo. Así es Shaneetay, tú sí lo sabes.

Las lluvias de Iiwa ya casi terminan. No sabremos por muchos días de Shaneetay, pero cuando en octubre Juyá se anuncie, seré uno de tantos wayuú a quien el corazón se le sobrecogerá de angustia. Aunque celebremos las lluvias, no habrá trueno ni relámpago que no esculpa en nuestra zozobra nocturna la blanca figura de Shaneetay. ¡Que Juyá nos proteja, mamá, que nos proteja!

GLOSARIO

Baile de la cabrita: Kaulayawa. Celebración que cierra una jornada de trabajo agrícola comunitario, en la que el anfitrión ofrece comida y licor a quienes le colaboraron. Incluye un componente histriónico en el que se imita y representa a entes y fenómenos de la naturaleza, entre libaciones, baile y galanteos.

Iiwa: Designa a la primavera, así como a la primera temporada de lluvia en el año (la otra es Juyá, en octubre).

Kaasha: Caja, tambor de uno o dos parches que se ejecuta durante la yonna.

Los Püláshiis

Algunas narraciones dan cuenta de estos seres antropo-morfizados, los Püláshiis o *Los poderosos,* como imponentes wayuú con estampa de ricos. Ramón Paz Ipuana los define como seres intocables, prodigiosos, con poderes sobrena-turales; son los guías en los caminos de los indios muertos, capaces de transitar tanto el mundo de los yolujás (Jepirra) como el mundo de los vivos.

Son dos las cosas por las que se distinguen e identifican los wayuú ante sus congéneres, dos las señales con la que Maleiwa quiso diferenciar a los clanes, una vez creó a los wayuú: su marca de clan y su animal totémico. Desde esos tiempos los wayuú conservan grabados los símbolos de sus clanes, para señalar posesión y filiación; son la marca de su carne, de su e'irukü.

Las alaulas cuentan que Maleiwa envió al anciano Uuta para que repartiera los nombres de los clanes, su territorio y sus marcas. Fue en el cerro de Aalasú donde Uuta reunió a los wayuú y les encomendó las maneras de diferenciarse:

–Ustedes serán los Iipuana, los que moran sobre las piedras, su animal será el halcón– y así fue distribuyendo afinidades entre la sangre de cada clan.

También dicen que fue Juyá quien hizo brotar un rayo de la tierra con tanta fuerza, que las piedras se quebraron y quedaron grabadas las marcas de cada clan.

Por eso, los wayuú hacen tatuar en su cuerpo la insignia de su e´irukü, sus vacas y chivos también la llevan; así pueden disputarlas en caso de pérdida o litigios. Majawa lo sabe muy bien.

Majawa era un washir de la región de Ipapüle. Sus tierras se perdían en la inmensidad, su ganado se confundía en las cifras incontables, el oro reñía con el sol desde sus dientes, desde su garganta, desde su fusta. Pero la fortuna que se le rendía en los bienes materiales se le hacía esquiva con los sentimientos. Muchas mujeres le ofrecieron las mieles de sus sonrisas, la caricia del guiño; hicieron temblar el piowi bajo el embrujo de sus pies frenéticos de yonna, pero en todas faltaba el amor. Majawa no era, precisamente, el más agraciado de los hombres de la región. Su rostro era adusto, cuarteado por el sol de tantas labores, por el tizne de las quemas, por la ventisca de tantos arreos.

Los padres azuzaban a sus hijas para coquetearle al hombre rico de las pampas, al de los potreros inmensos, al de los dientes de oro, pero no al hombre, no al Majawa. En los más profundos recodos de su ser guardaba la esperanza de un matrimonio feliz, de un rancho lleno de risas de pequeños.

Fue así como después de pagar una dote cuantiosa, tuvo en su rancho a Koshi, una veleidosa y coqueta doncella, hija del ambicioso Monche. Acicalada por los sueños de riqueza de su padre y saboreando un futuro de lujos, tuvo arresto para fingirle al washir el amor que nunca engendró en su corazón. Su embrujo nativo cautivó a Majawa y se casaron en medio de una de las más pomposas y duraderas fiestas de estas regiones.

La aparente felicidad no duró mucho, la flaqueza espiritual de Koshi no era su única debilidad: su padre sabía que ella padecía una grave enfermedad, que no le concedería tiempo para reírle al futuro. Después de una semana de martirio y esfuerzo de los tres mejores ouutshii que buscó Majawa, su Koshi, la alegre doncella, la que hizo rico a Monche, moría sin contarle a su esposo que nunca lo había querido.

Fueron nueve días de velorio, de toda Pala´atsü llegaron visitas, de Cojoro, de Paraguaipoa. Trescientos chivos, cincuenta vacas y más de cien gallinas gordas acompañaron el viaje de Koshi a la lejana morada de los yolujá en Jepirra, y su carne alimentó la voracidad que los lloros despiertan entre los asistentes al velorio.

Después del velorio, Majawa experimentó el contraste de la soledad del chinchorro vacío, de la caricia lejana, de las sonrisas viajeras del tiempo. El desconsuelo arreciaba, agregando años al yerto corazón de Majawa, que se sentía sin respuestas para la vida sino con preguntas para la muerte, y el estampido de la lágrima no se hacía esperar.

El desconsuelo de Majawa preocupaba a todos; ni sus parientes, ni sus más entrañables amigos lograron sacarlo del abatimiento. Lloro y pena consumían al washir; a nadie atendía. Cierto día recibió una extraña visita, un wayuú de finas facciones, de modales y estampa distinguidos, llegó hasta su chinchorro. La elegante apariencia del visitante no podía pasar desapercibida para ninguno, aun para Majawa. Nadie sabia de dónde venía, sólo se sabe que su cabalgadura era de envidiarse, un caballo blanco de crines sédeas y aliento dominante.

–Que el sosiego llegue a tu alma y el consuelo a tu corazón– saludó el extraño.

–¿Quién es el que se atreve a romper mi quietud e irrespetar mi duelo?–respondió Majawa, mirando de pies a cabeza al recién llegado.

–Soy quien puede dar respuestas a tu soledad y alas a tu impotencia. La pena que te amarga es inmerecida, tu difunta esposa no merece tu llanto, menos tu luto, de ti no guarda sino el recuerdo.

Majawa se puso de pies, muy disgustado, al mismo tiempo extrañado, la seguridad del wayuú señorial le indicaban que estaba frente a un ser sobrenatural. Alcanzó a decir:

–¿Cómo puedes asegurar que Koshi no responde a mis sentimientos? Donde esté sufre por mí y anhela mi presencia tanto como yo a ella.

–Si quieres, hoy viajarás conmigo, y si tu deseo es encontrarte con ella, en poco tiempo se hará realidad.

Majawa no podía resistirse a la intriga de los misterios que el extraño entrañaba. ¿Era un ouutshii? ¿Era Juyá? ¿Un Pülashii? ¿Quién era ese que le prometía llevarlo a los confines de Jepirra? Un tropel de interrogantes henchía su pecho, pero las ansias del reencuentro con Koshi las represaron. Entonces atendió las indicaciones del wayuú:

–Empaca tus cosas, tu mejor montura, tu chinchorro, abundante comida. A donde vamos no podrás ingerir lo que allá se come; lleva tus platos, totuma, ahh...y nunca pongas tus manos sobre mi cuerpo ni mi caballo.

Majawa hizo todo con precipitud, dejó la responsabilidad de sus riquezas a Monche y a sus cuñados, y en compañía del wayuú comenzó la travesía de dunas e inquietudes. El wayuú no hablaba, tampoco sudaba. Galoparon hasta que se hizo de noche, durmieron entonces bajo un árbol frondoso. Al día siguiente reanudaron su cabalgata. Majawa notó que habían tomado una senda nunca transitada por él, de vegetación frondosa, de humedad impropia del desierto, con aves de canto dulce. Sin duda, estaban en el camino de los yolujá.

Muchas horas de galope; ya amanecía cuando el verdor de unas praderas los recibió con su brisa fresca. El olor a prosperidad llegó al corazón de Majawa. Allí estaba Jepirra. Los grandes rebaños pastando, la alegría de los lugareños, un aire de paz permeaba la quietud.

El wayuú salió de su silencio:

–Aquí todo es derroche, la gente se entrega al goce y a la riqueza, te ofrecerán comida, ron y vivienda, pero nada debes aceptar; te llevaré a la que será tu casa.

La ansiedad agitaba la respiración de Majawa. Veía cercano el alivio a sus penas, el sosiego a sus lágrimas, su adorada Koshi cerca de sus manos. Pensaba en el encuentro, cuando divisó a sus primos ya difuntos que corrían a caballo por una ancha pradera, apostaban en una cabalgata, lucían rozagantes, el licor le sacaba carcajadas, les gritó:

–¡Hey, escuchen! ¡Cipriano! ¡Ezequiel! ¡Caíto!

Ninguno lo escuchó, espolearon sus bestias y la alegría pareció darle alas a su galope hacia la fronda lejana. El wayuú que lo guiaba se le acercó con mirada de ánimo.

Luego de una frugal comida y un breve descanso se dirigieron al rancho de Koshi. Allí estaba. Una amplia enramada acogía a varios wayuú ebrios y a algunas doncellas solícitas a sus lascivos desenfrenos. Majawa no podía creer lo que sus ojos delataban: su Koshi, el encanto de sus días y fuego de sus noches, estaba allí, bailaba con el frenesí que creía de él, vibraba con la Kaasha. Su esbelto cuerpo era manoseado impudorosamente por un wayuú que reía y reía. Encolerizado se dirigió a Koshi:

–¿Valen tan poco mis lágrimas y mi dolor como demuestra esta cruda mañana? ¿Es ese el recato que tan digna doncella rinde a su esposo? ¿O es que el recuerdo tiene poca vida aquí?

Koshi lo miró de soslayo, siguió bailando, mientras hacía que su compañero apurara otro trago de licor. Sólo ante la insistencia llorosa de Majawa le respondió enrostrándole el engaño:

–¡Vete de aquí, ya tengo un marido nuevo! Ahora me levanto sin ver tu feo rostro, ya no necesito de tu riqueza, el placer me sobra, la risa también, y qué de vida, no me alegra verte, vuelve a tus tierras, tú no eres de aquí.

Las lágrimas ya alumbraban el rostro de Majawa con el frío matiz de la pesadumbre, y pidió al wayuú guía que lo llevara a casa. Antes vio en los corrales de Koshi a muchos, pero a muchos animales que reconoció como suyos. Se los había traído en su ausencia y hoy pastaban en Jepirra.

Mientras descansaba en un chinchorro de su eventual domicilio, rumiando su pesar, juró no volver a llorar por mujer alguna. El wayuú se le acercó:

–Aquí también se hace justicia, si la razón te asiste. Yo soy un Püláshii y tenemos un consejo de ancianos Püláshii; puedes recuperar a tu mujer y a tus animales.

Al día siguiente, los siete ancianos escuchaban atentos los reclamos del washir; allí estaba Koshi y su nuevo marido. El gran consejo tutelar de Jepirra debía decidir. Majawa reclamaba la propiedad de su esposa y de sus animales, cuando uno de los Püláshii le inquirió:

–¿Cómo puedes probar que es tu esposa? ¿Qué indicio refrenda tu palabra? En su cuerpo nada delata tu posesión, ¿cómo puedes afirmar lo contrario?

En esos momentos un halcón llegó volando, se posó sobre el hombro de Majawa y voló rumbo a un destino que el washir pudo interpretar: eran los corrales de Koshi. Era el animal símbolo de su clan; comprendió, entonces, que el ave no señaló a Koshi ante los ancianos, pero sí a su ganado; entonces reclamó a los animales, que sí tenían las marcas de su heredad.

Ante la impotencia y la rabia de Koshi y su marido, los ancianos le confirmaron a Majawa el regreso de todos los animales que pastaban en los terrenos de la traicionera esposa, esos que se habían sacrificado en el velorio y los que, por cientos, se habían robado después con la complicidad de Monche y sus hermanos.

En algo aliviado de sus quebrantos por la victoria del ganado, Majawa se dispuso al regreso.

–No puedes llevar de regreso a los animales –le dijo el Puláis– tienes que dejarlos bajo nuestra custodia. Cuando mueras podrás disfrutar de ellos. La riqueza te espera aquí, y ya tienes suficiente en la Tierra para pasar el resto de tus días.

Con algo de disgusto por los designios del ale´eya en Jepirra, el washir se despidió de la morada de los yolujás. El Püláshii se mantuvo a su lado; volvió la cabalgata, el árbol frondoso y el desierto de regreso.

Cuando Majawa divisó su rancho, el Püláshii se despidió:

–Haz aprendido que no todo afecto merece el sufrimiento. Busca a una mujer sincera y aprende que lo que te pertenece lleva tu marca, las que dio Maleiwa.

Despidiendo al Püláshii, Majawa entendió la lección; lo primero que hizo al llegar a casa fue quemar todo recuerdo de Koshi. Luego despidió de sus corrales a los parientes de su ex esposa, para después poner la marca de los Ipuana sobre todas sus cosas, todos sus animales. Así lo hacen hoy en día todos los wayuú. Maleiwa les dio las marcas en el cerro de Aalasü. Aún se puede ver.

GLOSARIO

Ale'eya: Norma de lo que existe. Código que regula las prácticas y todo lo que existe. Según la tradición, esta revelación escrita se perdió.

E´irukü: Sangre que une a la familia. Vínculo carnal entre los miembros del clan.

Piowi: Pista donde se oficia el baile de la yonna.

ARIAS, Juan de Dios. *Folklore santandereano*. Bucaramanga: SN, 1963.

CHÁVEZ, Milciades. *Mitos, leyendas y cuentos de La Guajira*. En: Boletín de arqueología. Bogotá: N° 4, Vol. II, 1946.

COEDICIÓN LATINOAMERICANA. *Cuentos de espantos y aparecidos*. Sao Paolo: Ática, 1984.

DUQUE, J. Ignacio. *Mitos y leyendas de Antioquia*. Medellín: Lealón, 1970.

GOULET, Jean Guy. *El universo social y religioso guajiro*. Caracas: Universidad Andrés Bello, 1981.

JUSAYÚ, Miguel Ángel. *Achik`i: Relatos guajiros*. Caracas: Andrés Bello, 1986.

______________. *JUKUJALAIRRUA Wayuú: Relatos guajiros*. Caracas: Andrés Bello, 1975.

MITOS Y leyendas de Colombia. S.P.E, 1998.

OLIVEROS, María Teresa. *La Goajira*. Mérida: Uniandes, 1975.

PAZ, Ipuana, Ramón. *Mitos, leyendas y cuentos guajiros*. Caracas.

PINEDA G, Roberto. *La chama: un mito*. En: Revista colombiana de folklore. Bogotá: N° 2, 1947.

PLATH, Oreste. *Geografía del mito y la leyenda chilenos*. Santiago: Grijalbo, 1994.

GRUPO CINCO. *Pulowi*. Caracas: Cinco, 1984.

REICHEL-DOLMATOFF, Gerardo. *Desana*. Bogotá: Procultura, 1986.

WOUMMAINPA. Publicación de la Universidad de La Guajira. N° 7, mayo de 1988.

ABEL ANTONIO
MEDINA SIERRA

Escritor guajiro, maicaero por adopción y elección propia. Es Licenciado en Lenguas Modernas de la Universidad de La Guajira, Especialista en Computación para la docencia, de la Universidad Antonio Nariño, y con Diplomatura en Creación Literaria. Ha sido catedrático en instituciones como la Universidad de La Guajira, la Corporación Universitaria del Caribe (Cecar) y la Fundación Universitaria San Martín.

Este creador hace parte de una nueva generación de escritores junto al sorprendente Miguel Ángel López Hernández (Premio Casa de las Américas de 2000) y Vicenta Siossi, que desde la provincia y la marginalidad fronteriza han dejado escuchar sus voces nutridas de preocupaciones indígenas y lenguaje que se universaliza en el mito y la esencia simbólica.

Investigador cultural, cuentista, ensayista, cultiva también el género de la crónica y el reportaje, así como el guión para documental; además, experto estudioso de la etnomusicología con énfasis en el vallenato. Ha publicado las obras *El vallenato: constante espiritual de un pueblo* (ganador de Premio departamental de Investigación Cultural 2002), *Los procesos escriturales y de comprensión textual* (2003), *Seis cantores vallenatos y una identidad* (ganador del Premio Departamental de Investigación Cultural 2004), *Cuarenta años de alegría: canciones a La Guajira* (antología comentada, 2005), además de una veintena de textos y artículos publicados en revistas y antologías de carácter cultural y académico.

Ha sido libretista de varios documentales para la serie *Trópicos*, del canal Regional Telecaribe, y director de la revista académica y cultural *Abrapalabra*. Ha representado a su departamento en varias ferias internacionales del libro, en la de la Cuenca Caribe y en diversos encuentros de escritores.